KB138356

KEEP YOUR COOL

일단
앉아 봐

청소년 지식수다 7

KEEP YOUR COOL

애런 밸릭 지음 | 김인 옮김

내인생의책

요즘은 다양한 지식과 정보를 너무나 쉽게 접할 수 있는 시대입니다. 손가락 하나만 까딱하면 알고 싶은 지식이 주르륵 화면에 나열되니까요. 하지만 우리 청소년들이 진짜로 궁금하고 함께 의논하고 싶은 고민이 생겼을 때, 정작 마음을 털어놓고 상의할 수 있는 곳을 찾기란 하늘의 별 따기 같답니다. 얼굴도 마주하기 힘든 바쁜 부모님, 쫓기듯 학원으로 향해야 하는 스케줄, 속을 털어놓기엔 왠지 어려운 선생님……. 그렇다고 친구들과 이야기하자니 답도 없이 맴도는 것 같아 답답하기만 하지요.

　《일단 앉아 봐》는 다양한 고민 앞에서 주저하는 청소년 친구들을 위한 심리학 조언집입니다. '나도 내가 왜 이러는지 알 수 없는' 마음의 방황과 고민들을 함께 살피며, 어떻게 해결해야 할지 명쾌하고 쉽게 조언해 주지요. 게다가 그 조언들은 모두 인지행동적 상담 이론에서 입증된 전문성 있는 것들이라 믿을 수 있답니다. 한 장 한 장 읽으며 따라가다 보면, 풀리지 않을 것 같던 고민도 해결의 실마리를 찾을 수 있을 거예요.

　청소년이 된다는 것은 온갖 고민과 생각들을 만나고 씨름하기 시작하는 것이랍니다. 몸만 어른처럼 커지는 것이 아니라, 마음과 생각도 자라나면서 이제는 인생을 스스로 책임지고 결정하는 '마음의 힘'을 기르는 것이지요. 당장 시험을 앞두고 밤에 잠을 이루지 못하는 것, 외모가 마음에 들지 않는 것, 친한 친구와 사이가 멀어지는 것, 부모님이랑 말이 통하지 않아 답답한 것 등등. 우리 친구들의 어느 고민도 사소하지 않아요. 힘들지 않은 척 가면을 쓴 채로 고민을 무심하게 버려 둬서는 안 된답니다. 고민들과 정면으로 마주해 보세요. 그 과정이 청소년 친구들에게 마음의 근육을 단단하게 만들어 줄 테니까요.

15세상담연구소장  한영주
한국상담대학원대학교 교수

# ㅁ 차례 ㅁ

## 01 나는 누굴까?

내 마음이 어땠더라?

## 02 집에서 잘 지내는 비법은?

다 태도에 달려 있어.

긍정적으로 시각화해 봐!

다른 친구들을 존중하자고.

우린 연결되어 있어!

# 평정심을 잃지 않기 위한 안내서

우리는 여러 가지 이유로 평정심을 잃어요. 걱정하거나 초조해하면서요. 하지만 누구나 살면서 겪는 일이에요. 이런 상황을 극복하는 비결은 쓸데없이 흥분하거나 열을 내지 않는 거예요. 그러려면 먼저 자신을 잘 이해하고 있어야 하죠. 나를 잘 이해하고 마음을 다잡도록 이 책이 도와줄 거예요. 평정심을 잃지 않고도 어려운 상황에 잘 대처하는 방법까지 말이에요!

와, 45쪽에 나오는 명상하기는 시험 전에 해 보면 끝내주겠는데.

지금부터 다양한 개념을 만날 거예요. 개념이란 어떤 현상에 대한 일반적인 지식을 말해요. 여러분이 살아가며 겪는 일을 새로운 시각으로 바라보게 해 줄 수단이죠. 개념을 이해한 다음 '실행에 옮겨요'에 나온 활동을 직접 해 봅시다.

'실행에 옮겨요'에 나온 활동은 문제를 하나씩 해결하고 끝내는 임무가 아니에요. 생각하는 방식 자체를 바꾸도록 이끌어 주는 일종의 훈련이지요. 한 활동에서 배운 비법을 다른 문제에도 적용할 수 있도록 말이에요. 어떤 활동은 별나다 싶을지도 몰라요. 그래도 일단 해 보면 어디에 도움이 되는지 깨달을 거예요. '실행에 옮겨요' 이외에 '꿀팁!' 코너에도 요긴한 정보가 담겨 있어요.

## 꿀팁!

### 혼자 끙끙대 봤자 해결되진 않아

신뢰하는 누군가에게 속마음을 털어놓는 것도 고민을 해결하는 한 가지 방법이에요. 고민거리에 따라서 믿을 만한 사람은 달라질 수 있어요. 부모님과 이야기를 나눠야 할 문제가 있는가 하면, 오히려 부모님이 아닌 사람과 고민을 나눠서 좋을 문제가 있지요.

내가 믿고 의지할 만한 사람들로 누가 있을지, 마음속에 명단을 만들어 두어도 좋아요. 그런 사람들에게는 어떤 고민이든 털어놓을 수 있겠지요.

 • 어떤 사람과 이야기하면 좋을지 알아보는 방법은 79쪽에 나와 있어요.

# 인식을 바꾸면 세상이 달라 보여요

이제 삶에서 중요한 순간마다 평정심을 잃지 않는 비결을 알아볼까요? 먼저, 나에게 일어나는 일에 내가 어떻게 반응하는지를 잘 살피도록 해요. 이 반응에 따라 삶은 더 나은 방향으로 바뀔 수 있답니다.

이번 장에서는 '인식'이라는 개념을 살펴볼 거예요. 이 개념을 알면, 세상을 내 마음대로 주무를 수는 없어도, 세상에 어떻게 반응할지는 자기 손에 달렸음을 깨달을 거예요. 사람들은 대개 자신이 세상을 생긴 그대로 본다고 생각해요. 정말 그럴까요? 아뇨, 절대 안 그래요. 실제로는 이런 방식이에요. 나와 세상 사이에는 '나의 인식'이 끼어 있어요.

나 → 나의 인식 → 세상

　무언가를 '인식'한다는 것은 선글라스를 끼고 세상을 보는 것과 같아요. 렌즈 색깔에 따라 세상을 경험하는 방식이 완전히 달라지지요. "장밋빛 렌즈로 세상을 바라본다."라는 말이 있죠? 세상을 긍정적으로 바라보는 태도를 뜻해요. 세상을 비관적으로 바라보는 태도를 가리킬 때는 렌즈 빛깔이 어떻다고 하면 될까요? 똥색 렌즈?

　다음 장부터 생각, 감정, 행동 이 세 가지에 대해 곰곰이 생각해 볼 거예요. 생각, 감정, 행동은 여러분의 인식에 영향을 미치는 것들이지요.

## 생각, 감정, 행동 살펴보기

그동안 겪은 사건 가운데 가장 큰일은 무엇이었나요? 사소한 부분까지 떠올려 보세요. 생각과 감정이 무 자르듯 딱 나뉘지 않을 수도 있어요. 그래도 '뭔가 끔찍한 일이 일어날 줄 알았어.'(생각)와 '걱정이 됐지.'(감정)의 차이를 느껴 보세요. 이렇게 생각과 감정을 느낀 다음에 어떻게 했나요? '난 달아나 버리고 말았어.'(행동)였을 지도 모르죠. 어떤가요? 생각, 감정, 행동의 차이가 느껴지나요?

이 셋이 어떻게 다른지 파악하면, 삶에서 일어나는 크고 작은 일들을 더 잘 이해하고 대처할 수 있답니다.

## 생각은 감정과 행동에 영향을 미쳐요

어떤 사건이 일어나면, 사건에 대해 생각과 감정을 갖기 마련이에요. 이에 대한 반응으로 어떻게 '행동'하느냐는 온전히 내 생각과 감정에 달렸어요.

다시 말해, 사건과 반응 사이에는 변화를 꾀할 수 있는 여지가 있어요. 나와 세상 사이에 간극이 존재하는 것이지요. 사건 자체를 바꿀 수는 없어요. 어쩌다 일어났을 뿐이니까요. 하지만 생각은 바꿀 수 있어요. 생각은 감정에 영향을 끼치고요. 생각과 감정이 바뀌면 사건에 반응하는 방식도 변할 수 있어요.

좋아. 생각, 감정, 행동이 서로 다른 건 알겠어. 근데 이걸 알아서 무슨 도움이 되는데?

리치

좋은 지적이에요! 수업 중에 리치네 반 선생님이 "엄청나게 재미있는 모둠 과제가 있어. 누가 모둠 대표를 맡을래?"라고 물었다고 쳐요. '사건'은 선생님이 누가 모둠 대표로 나설 것인지 질문한 상황이에요. 이제 사건을 어떻게 인식하고 반응할지는 리치에게 달렸어요. 이제 리치의 생각과 감정이 작용하는 순간이지요.

반응 1

감정
침울하다. 수줍다. 자존감 낮다.

생각
난 대표로 나서는 데 소질이 없어.

행동
머리를 수그리고 어깨를 움츠린다.
표정이 침울하다.
두 손을 주머니에 찔러 넣는다.

[ 결과  다른 친구가 모둠 대표를 맡는다. ]

반응 2

생각
쉽지는 않겠지만 못할 일도 아니야!

감정
떨린다. 살짝 두렵다.
그래도 대체로 신난다.

행동
손을 든다.

[ 결과  선생님이 리치를 모둠 대표로 임명한다. ]

이제 알겠죠? 나와 세상 사이에 변화를 꾀할 수 있는 여지가 많다는 걸 말이에요. 내가 세상을 어떻게 생각하는지 파악하고, 필요할 때 태도를 바꾼다면 삶의 결과도 달라질 수 있어요.

내 생각과 감정을 이해하고 나면, 사건마다 어떻게 행동할지 현명하게 선택할 수 있답니다.

👍 • '리치가 쓴 선글라스의 색깔에 따라 리치의 생각, 감정, 행동은 어떻게 달라질까?' 라고도
생각해 볼 수 있어요.

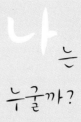

제**1**장

# 네 자신을 알라

먼 옛날, 고대 그리스에는 델포이 신전이 있었어요. 사람들은 신전으로 찾아가 사제에게 자신의 미래에 대해 신탁을 받았지요.

델포이 신전 입구에는 "네 자신을 알라."라는 글귀가 있었어요. 사제는 앞일을 한 번에 알아듣게 얘기해 주는 법이 없었어요. 신탁의 내용은 늘 수수께끼 같았기 때문에 속뜻을 알아내기까지 머리를 싸매야 했어요. 이때 자기 자신을 잘 아는 사람일수록 신탁 내용을 잘 이해했어요. 자신을 잘 모르면 자기가 듣고 싶은 내용만 귀에 들어오기 마련이니까요.

고대부터 내려오는 글귀, "네 자신을 알라."라는 말은 오늘날에도 새겨들을 만하지요. 나를 잘 알면 잘 모를 때보다 미래를 더나은 방향으로 이끌 수 있어요.

## 내가 나를 알고 있나?

나에 대해 얼마나 알고 있나요? 뜬금없이 들릴지 몰라도 중요한
질문이에요. 물론 자기 자신에 대해 알고
있는 점은 많겠지요. 하지만 여러 면
에서, 특히 자신의 생각과 감정에 대
해 살펴보세요. 실제로 나에 대해
얼마나 알고 있나요?

나는 누구지?

### 실행에 옮겨요

### 일기 쓰기

일기 쓰기는 나를 알아 가기에 가장 좋은 방법이에요. 일기장은 나만의 비밀스러
운 공간이며, 삶에서 벌어진 일에 대해 내 생각과 감정을 적어 두는 곳이에요. 일
기장은 나만을 위한 것이니, 눈에 띄지 않도록 잘 숨겨 두세요.
마음에 담아 두었던 생각과 감정을 종이에 털어놓다 보면, 삶을 새로운 시각으로
바라볼 수 있어요. 일기에는 무엇이든 내키는 대로 쓰세요. 자신을 검열하지 말
고요. 일기장은 나 자신과 있는 그대로 마주하는 공간이니까요.

## 성격은 사람마다 달라요

성격은 누구나 달라요. 주어진 상황에 따라 나오는 행동도 달라지고요. 학교에 있을 때, 부모님과 있을 때, 친구들과 있을 때, 모르는 사람들과 있을 때, 자신이 얼마나 다르게 행동하는지 생각해 보세요. 행동은 다르겠지만 나라는 사람이 바뀌는 건 아니에요. 그저 내 성격을 이루는 여러 부분들이 상황마다 다르게 표현되었을 뿐이지요.

성격은 딱 하나로 정해져 있지 않아요. 내가 가진 다양한 부분

들이 시간에 따라 변하면서 서로 합쳐진 것이지요. 스스로 편안하고 친숙하게 느껴지는 상태가 있는가 하면, 어떤 모습에서는 그런 모습을 한 자신이 거북하게 느껴질 때도 있을 거예요. 왼손잡이냐, 오른손잡이냐 하는 문제와 비슷해요. 양손잡이라 할지라도 더 편하게 느껴지는 손이 있을걸요.

그동안 만난 사람들의 성격을 떠올려 보세요. 나와 어떤 점이 비슷하고 어떤 점이 다르던가요? 성격을 두고 옳다거나 그르다고 말할 수는 없어요. 그저 다를 뿐이에요. 달라서 다행이고요. 너도 나도 성격이 똑같다면 얼마나 지루하겠어요? 좀비가 사는 세상처럼 느껴질걸요!

평정심을 유지하라는 말이 성격을 바꾸라는 뜻은 아니에요. 내 성격은 타고난 대로 즐겨야죠! 평정심을 유지하는 비결은 내게 딱 들어맞는 방식으로 세상을 살아가도록, 내 성격을 잘 파악하는 것이랍니다.

## 성격 표현하기

일기장에 내 성격을 잘 묘사하는 단어를 적어 보세요. 몇 가지 단어를 예시로 들어 볼게요. 그중에서 내 성격에 맞는 단어를 골라 보고 그 밖에도 다른 단어를 더 찾아보세요.

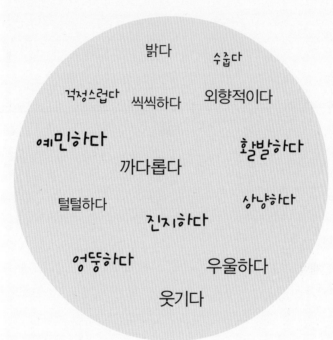

밝다　수줍다
걱정스럽다　씩씩하다　외향적이다
예민하다　활발하다
까다롭다
털털하다　상냥하다
진지하다
엉뚱하다　우울하다
웃기다

단어를 잔뜩 적어 놓고 내 성격을 그림으로 그리면 어떨지 생각해 보세요. 또, 적어 놓은 단어가 표현하는 대로 캐릭터도 만들어 보세요. 창의력을 발휘해 보자고요!

그림물감, 매직펜, 크레용으로도 그려 보세요. 잡지에서 이미지를 잘라 내서 콜라주를 만들어 보는 것도 좋아요. 친구들과 같이해 봐도 재미있을 거예요. 각자 그린 그림을 섞어 놓고, 각 그림이 누구를 표현하는지 서로 알아맞혀 보세요. 내가 아는 내 모습이 친구들이 알고 있는 내 모습과 동일한가요?

# 균형 잡힌 나를 만들어요

생각, 감정, 행동은 이 책에서 중요하게 다룰 내용이에요. 하지만 이 세 가지 말고도 다른 측면이 많으니 두루두루 알아 두면 좋아요. 이를테면 신체적·사회적·정서적 영역 같은 것들 말이에요.

신체적, 사회적, 정신적, 정서적, 영적 영역들을 잘 해내려면 균형 감각이 필요해요. 신체적으로 피곤하다면 머리를 쓰는 일에 집중하기 힘들 거예요(정신적인 면에 좋지 않겠죠?). 기분 역시 나빠질 테고요(감정적인 면에서 해롭죠). 그러다 친구에게 짜증을 낼지도 몰라요(사회적인 측면에서 안 좋지요). 이렇게 모든 측면은 긴밀히 연결되어 있어요.

모든 측면을 잘 다루기란 얼핏 공 다섯 개를 저글링 하는 기분일 거예요. 하지만 공 다섯 개를 한꺼번에 돌리는 문제라기보다는, 어느 한 영역에 치우치지 않도록 균형을 잡아가는 문제랍니다.

신체적 영역
내 건강을 어떻게
보살필지를 다루는 영역이에요.
영양, 운동, 수면 상태 등을
살펴요.

정서적 영역
타인과 사물에 대해 어떻게 느끼는지,
사건에 대해 어떻게 반응하는지를
살피는 영역이에요.

정신적 영역
사고력을 증진시키는 방법을 살피는
영역이에요. 창의력이나 학교 공부,
세상에 대한 관점, 타인의 생각을
받아들이는 태도 들을 다뤄요.

영적 영역
삶이나 우주에 대한 의미처럼
커다란 주제에 대해 믿고 있는
방식을 다뤄요.

사회적 영역
다른 사람들과 어떻게
관계 맺어 가는지를
살피는 영역이에요.

## 모든 영역을 끌어올려요

다음 영역을 장악하려면 아래 방법을 눈여겨보세요. 이 방법 말고도 나름대로 더 찾아보고요.

### 신체적 영역

많이 운동하고 집 밖에서 시간을 보내기,
골고루 먹고 카페인과 설탕을 지나치게 먹지 않기, 충분히 잠자기

### 사회적 영역

다른 사람들과 즐겁고 진솔한 관계를 갖도록 노력하기, 공손한 태도 기르기,
다른 사람들의 말에 귀 기울이고 내 말에도 귀 기울여 달라고 하기

### 정신적 영역

책을 읽거나 어려운 문제, 수수께끼에 도전하며 정신을 활발하게 하기

### 정서적 영역

감정 받아들이는 법 배우기,
믿을 만한 사람과 솔직하게 이야기 나누기, 일기 쓰기

### 영적 영역

세상에 대해 중요한 질문들을 던지고
내가 찾은 대답에 대해 곰곰이 생각해 보기

## 거미 다이어그램 그리기

거미 다이어그램은 각 영역에서 내가 어느 위치에 있는지 가늠하는 방법이에요.
아래처럼 생겼지요.

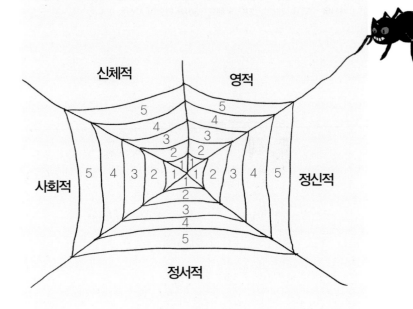

일기장에 거미 다이어그램을 만들어 보세요. 각 영역마다 내가 얼마나 잘하고
있는지 솔직하게 점수를 매겨 보세요. 잘하고 있다면 5점, 노력해야겠다 싶으면
1점이나 2점을 매기세요. 그러면 바짝 신경 써야 할 영역과 이대로 유지해도 좋
을 영역이 한눈에 보일 거예요.

# 제3장

# 내 눈에는 내가 어떻게 보일까요?

사람은 누구나 자아상을 가져요. 자아상은 자존감과 자부심처럼 나를 얼마나 소중히 여기고 자신을 어떻게 생각하는지를 말해요. 나아가 타인이 자신을 어떻게 여기는지 스스로 판단하는 생각이기도 해요.

믿을지 모르겠지만, 자신을 있는 그대로 보는 사람은 드물어요. 기분이 나쁠 때와 좋을 때, 거울에 비친 내 얼굴이 얼마나 다르게 보이던가요.

기분이 나빴다가 좋아지기까지 4시간이 걸렸다고 치면, 4시간 전에는 못생겨 보이던 얼굴이 어느새 예쁘고 멋진 얼굴로도 보일 수 있는 거예요.

• 내가 나 자신을 별로라고 생각할 때 내 얼굴이 못생겨 보이듯, 자아상과 신체상은 밀접하게 연관되어 있어요. 자신이 못생겨 보이나요? 대개는 실제로 못생겨서가 아니에요. 자기 스스로 못생겼다고 생각하고 있을 뿐이지요.

기분에 따라 얼굴이 달라 보이는 건, 나와 세상 사이의 간극 때문이에요. 자신을 바라보는 방식은 세상을 바라보는 방식을 결정해요. 어떤 색깔의 선글라스를 쓸지는 자아상에 달려 있지요. 자아상은 어릴 때부터 자신에 대해 어떤 이야기를 들으며 컸느냐에 따라 달라져요.

## 엉터리 자아상!

레슬리가 다섯 살이었을 때, 엄마가 "네가 수학을 잘하는 일은 없을 거야. 우리 집안에서 수학을 잘한 사람은 한 명도 없거든!" 하고 말했어요.

레슬리는 몇 년이 지나도록 이 말을 철석같이 믿었어요. 실제로 학창 시절 내내 수학을 끔찍하게 못했고요. 나중에 레슬리는 항공공학기술자가 되기로 결심했어요. 그러려면 자격시험에서 수학 점수를 잘 받아야 했어요.

레슬리는 '수학엔 젬병'이라는 생각을 떨치려고 이를 악물고 공부했어요. 그 결과 높은 수학 점수를 받았어요. 자신은 수학을 못하는 사람이라는 자아상은 순 엉터리였지요. 이제 알겠나요? 내가 나라고 믿는 자아상이 언제나 정확하지만은 않다는걸요!

## 믿는 대로 봐요

솔직히 자아상을 바꾸기란 쉽지 않아요. 하지만 노력하면 가능해요. 먼저 이런 질문부터 던져 보세요. '내가 나에 대해 하는 생각들이 진짜일까?'라고요. 자아상의 맨 밑바닥에는 '핵심 신념'이 자리 잡고 있어요. 핵심 신념은 자신 또는 타인 또는 세상에 대해 한마디로 압축된 생각이에요. 부정적일 수도 있고 긍정적일 수도 있지요. 이러한 핵심 신념을 누구나 몇 개쯤은 가지고 있어요.

자신에 대한 긍정적인 핵심 신념은 '난 꽤 괜찮은 사람이야.' 또는 '사람들은 나를 좋아해.' 같은 거예요. 안타깝게도 대개는 '난 못났어.' 또는 '다들 나를 싫어해.' 같은 부정적인 핵심 신념을 가져요.

타인에 대한 핵심 신념은 '나는 다른 사람을 믿을 수 있어.' 또는 '사람들을 못 믿겠어.' 같은 생각이에요. 세상에 대한 핵심 신념은 '세상에는 기회가 참 많아.' 또는 '세상은 무섭고 외로운 곳이야,' 같은 생각이에요. 이러한 핵심 신념이 한데 어우러져 나 스스로 어떤 사람이라고 생각하는지에 영향을 끼쳐요.

## 나만의 금화 유리병

자아상을 이해하는 방법으로, 금화를 보관하는 유리병이 있다고 상상해 보세요. 금화 한 닢은 자신에 대한 가치를 나타내요. 자랑스러운 일을 하는 것은 유리병에 금화를 넣는 것과 같아요. 유리병이 금화로 꽉 차면 뿌듯하겠지요. 유리병이 텅 비어 보이면 기분이 좋을 리 없고요.

자아상이 초라하다고 해서 유리병에 금화가 없다는 뜻은 아니에요. 금화가 있는 줄도 모를 수 있거든요.

살면서 자랑스러웠던 일들을 떠올려 보세요. 그 기억을 금화처럼 차곡차곡 담아 두세요. 이 금화를 발판으로 자아상을 높일 수 있어요!

제4장

# 내가 결과를 바꿀 수 있어요

때로는 핵심 신념이 시대에 뒤처졌을 수 있어요. 또 자신과 타인과 세상의 새로운 면들을 거부할 수도 있고요. 핵심 신념 안에 갇히고 싶지 않다면 'A+B=C 공식'을 알아 두세요. 내 안에 똬리를 틀고 있는 핵심 신념도 바꿀 수 있답니다. 누워서 떡 먹기라니까요!

이제부터 A, B, C로 공식을 만들 거예요. 핵심 신념을 바꾸는 비결이죠. 이 공식을 배우고 나면, 살다가 벌어지는 일에 현명하게 대응하는 방법을 깨우칠 거예요. 그러면 머리끝까지 화가 치밀어 스트레스를 받거나, 풀이 죽어 우울해지거나, 어쩔 줄 몰라 초조해지거나 하는 일이 없어질 거예요. 이 비결을 통해 자신의 삶을 스스로 조절하고 더 나은 결과를 이끌어 낼 수 있어요!

그럼 이제껏 배운 내용을 공식으로 만들어 봅시다. 마음 놓아요. 진짜 수학 문제는 아니니까요!

## A+B=C, 사건에 믿음을 더하면 결과가 나와요

A는 사건(action)이에요. 살다 보면 일어나는 일이고, 누구도 통제할 수 없지요. 16~17쪽에서 소개했던 리치의 이야기 기억나나요? 리치네 반 선생님이 모둠 과제 대표를 누가 맡겠느냐고 물었지요. 이때 선생님이 질문한 일이 사건이에요.

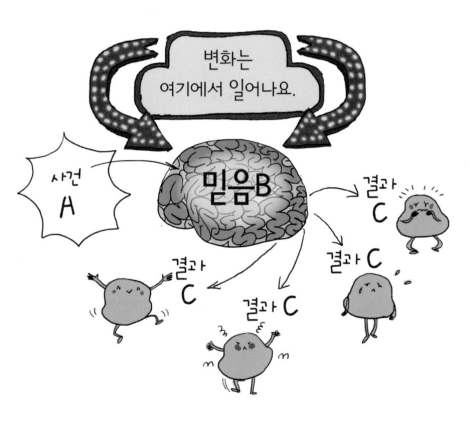

B는 믿음(beliefs)이에요. 일어난 사건에 대해 '이럴 것이다!'라고 믿는 것이에요. 나와 세상 사이에 있는 '나의 인식' 영역에서 존재해요. 선생님이 제안한 도전적인 역할을 리치 자신이 감당할 수 있다고 믿는지 아닌지 가늠하는 일이지요.

C는 결과(consequence)예요. 사건에 대한 믿음이 이끌어 낸 일이지요. 리치가 대표로 뽑히거나 뽑히지 않은 두 경우가 결과예요.

A+B=C 공식에서 중요한 점은, 믿음(B)을 바꾸면 결과(C)가 바뀐다는 점이에요. 나를 더 잘 알수록, 내가 어떤 믿음을 가졌고 어떻게 느끼는지 잘 알수록, 삶에서 일어나는 사건(A)에 더욱 잘 대처하고, 더 나은 결과(C)와 마주할 거예요.

아주 중요하니까 한 번 더 말할게요. 일어나는 사건에 대처하면서 자신에 대한 믿음을 바꾼다면, 삶도 바꿀 수 있어요. 삶의 위대한 비밀 중 하나지요!

A+B=C 공식이라고? 외우기 쉬운데!

## 제대로 생각해 보기

일이 술술 풀리지 않던 때를 떠올려 보세요. 당시 상황을 일기장에 적어 봅시다. 또 앞으로 다가올 일을 생각해 보세요. 그 일에 대해 어떤 믿음을 지니고 있나요? 더 나은 결과를 얻어 내려면 믿음을 어떻게 바꾸면 좋을지 판단이 서나요?

• 어떤 믿음이 바람직한 결과를 이끌어 내는 데 방해가 되었을까요?
• 믿음을 바꾸었다면 일이 어떻게 풀렸을까요?
• 결과는 어떻게 달라졌을까요?

다 적었다면 이번에는 앞으로 다가올 일에 대해 생각해 보죠. 앞으로 다가올 일에 대해 성급히 지레짐작한 부정적인 믿음이 있나요? 지금 믿고 있는 생각을 바꿀 수 있으리라고, 더 좋은 결과를 얻을 수 있으리라고 생각하나요?

제5장

# 뭐든 망칠 것만 같아요

'자기실현적 예언'이라는 말이 있어요. 자신이 기대한 그대로 앞날이 이루어지는 것을 뜻해요. 비슷한 의미로 피그말리온 효과, 플라시보 효과 등이 있어요. 어떤 일에 실패하리라고 예상한다면 실제로 실패할 확률이 커져요. 반대로 성공하리라고 예상한다면 성공할 확률이 높아지고요.

　자기실현적 예언은 '좋은 순환' 또는 '나쁜 순환'에 갇혀 있기 때문에 벌어져요. 나쁜 순환에서는 사건(A)이 일어나면 부정적인 믿음(B)을 가지고 대처하니 결과(C)도 나빠질 확률이 높아져요. 나쁜 결과가 부정적인 생각을 입증한 셈이 되니, 부정적인 생각은 더욱 강화되고요. 계속 '악순환'을 경험하게 되지요.

　줄리의 상황을 살펴보도록 해요. 줄리는 전학을 가서 처음으로 파티에 초대받았어요. 문제는 아는 친구가 없으니 쑥스럽다는 점이지요. 줄리는 상황을 감당할 수 있을지 망설여져요. 줄리의 상황은 어떻게 변할까요? 나쁜 순환을 먼저 본 다음 좋은 순환을 볼까요?

## 나쁜 순환

**생각**
부정적이다.
실패한 기억이 떠오른다.
나약한 마음이 든다.
두려움에 시달린다.

**기분**
우울하다. 겁이 난다.
초조하다.
예전 일만 돌아본다.

**행동**
두려움에 맞서지 않는다.
위험을 무릅쓰지 않는다.
고립된 상태에 계속 머문다.

**결과**
나쁜 결과를 얻는다.
외로움을 느끼고
더 내성적이 된다.

A  줄리가 파티에 초대받는다.

B  아무도 자기를 좋아하지 않을 것 같다.

C  쑥스럽고 우울하다.

D  파티에 가지 않기로 한다.

E  다음 파티에 초대받지 못한다.

 • 157쪽 '실패가 성공으로 가는 길이라고요?'에서 실패를 다르게 인식하는 자세를 배워요.

## 좋은 순환

**생각**
긍정적이다.
성공한 경험을 떠올린다.
안정적이다.
내면의 힘을 알고 있다.

**기분**
쑥스럽지만 신이 난다.
희망적이다.
좋은 결과를 기대한다.

**행동**
두려움에 맞선다.
위험을 무릅쓴다.
나서 본다.

**결과**
긍정적이다.
소속감을 느낀다.
친구를 사귄다.

A  줄리가 파티에 초대받는다.

B  친구와 친해질 기회로 여긴다.

C  쑥스럽지만 신이 나기도 한다.

D  파티에 가서 즐거운 시간을 보낸다.

E  친구를 사귀고 다른 파티에도 초대받는다.

좋은 순환은 나쁜 순환과 정반대예요. 똑같은 사건이 일어났을 때 긍정적인 믿음으로 대처하면 결과를 바꿀 수 있어요. 뿐만 아니라 전체적으로 좋은 순환이 반복되는 기류를 새로 만들게 되지요. 좋은 순환은 '선순환'이라고도 불러요.

내가 어떤 믿음을 가지느냐에 따라 결과는 이토록 뒤바뀔 수 있어요. 믿음을 바꾼다고 당장 두려움이 사라진다거나 쑥스럽지 않게 된다는 뜻은 아니에요. 두렵고 쑥스럽지만 그래도 믿음을 바꿔야 하는 경우가 다반사예요. 자꾸 바꿔 볼수록 더 쉬워져요.

# 노래 목록을 바꿔 봐요

자신에 대한 믿음과 기억은 각자 저장해 둔 노래 목록과 비슷해요. 같은 노래를 반복해서 듣는 것과 비슷하죠. 똑같은 노래만 들으면 질리지 않겠어요? 그래서 노래 목록을 바꾸는 거잖아요. 노래 목록을 바꾸듯 나 자신을 완전히 바꿀 수는 없어요. 하지만 노래 목록에 있는 노래를 하나하나 귀 기울여 들어본 뒤 '음, 이 곡은 지겨워졌어. 새로운 노래를 골라야지.' 하고 생각해 볼 수는 있지요. 노래 목록 바꾸기는 나쁜 순환에서 벗어나는 첫 번째 단계예요.

## 제6장

# 나에게 말을 걸어요

예전 노래 목록이 지겹게 떠오른다면 주의 깊게 귀 기울여 보세요. 목록에 있는 노래들은 내가 믿는 생각들로 이루어져 있어요. 목록을 바꾸고 싶다면 먼저 어떤 노래들이 있는지 따져 봐야 해요.

그래요, 우리는 누구나 자신에게 말해요. 자기도 모르는 사이에요. 이것을 '자동적 사고'라고 불러요. 마치 작은 로봇이 우리 몸속에 들어앉아서 쓸모없는 대사를 읊어 대는 것과 같아요. 끊임없이 귀에서 떠들어 대는 로봇한테 얼마나 휘둘릴지 상상이 가나요?

내가 나에게 건네는 말에 귀를 기울이면 내가 어떤 믿음을 지

---

• 자동적 사고는 '내면의 소리'와 달라요. '내면의 소리'는 자신에 대해 알아야 할 내용을 들려주지요. 자동적 사고를 장악하게 되면, 내면의 소리도 잘 인식하게 돼요.

넜는지 알 수 있어요. 지금부터 30초만 가만히 있어 보세요. 나에게 말하는 소리가 들리나요? 무슨 말을 하던가요?

자동적 사고는 아주 힘이 세요. 이유는 다음과 같아요.

- 끝없이 되풀이해요(로봇은 입을 다물지 않거든요).
- 진실처럼 느껴져요. 아닐 때가 많은 데도요.
- 반복되는 내용에 귀를 기울이고, 그 내용을 토대로 결정을 내려요.
- 나에 대해 하는 말을 곧이곧대로 믿어 버려요.
- 나의 믿음을 형성하고 결과에 영향을 미쳐요.
- 자신에게 말하는 것에 익숙해져 있어서 말하고 있는 줄도 몰라요.

## 마음 챙김

'마음 챙김'은 자동적 사고를 이해하는 가장 좋은 방법이랍니다. '마음 챙김'이란 순간마다 자신을 있는 그대로 인식하는 방식을 말해요. 옳고 그름을 판단하지 않고 마음속에서 일어나는 일을 바라본다는 뜻이지요. 그저 바라본다는 게 중요해요. 자신과 거리를 두는 거예요.

살면서 큰일과 맞닥뜨릴 때는 자신과 거리를 두기가 힘들어져요. 때로는 나중에라도 거리를 두고 되새겨 봐야 하는 경우도 있지요. 마음 챙김을 익히면 상황마다 더 나은 대응을 할 수 있어요.

## 명상하기

마음 챙기는 법을 배우면 마음속에서 벌어지는 일을 알게 돼요. 감정이나 생각, 몸으로 느껴지는 감각 들을 말이에요. 놀랍게도 우리는 자신에게 일어나는 일을 거의 인식하지 못한답니다!

1. 방해받지 않을 조용하고 편안한 장소를 찾으세요. 방석을 깔고 책상다리를 해요.

2. 자명종을 10분 뒤로 맞춰요. 자명종 소리가 귀에 거슬리지 않고 은은하게 들리도록 조절해 놓아요.

3. 눈을 감고 숨을 깊게 쉬어요. 현재에 집중하고, 마음을 완전히 열어요.

4. 마음이 가는 대로 내버려 두어요. 생각, 기억, 공상을 가만히 살펴봐요. 어떤 판단도 내리지 않은 채로 생각을 흘려보내요.

5. 자신의 생각과 감정을 눈앞에 서 떠도는 비눗방울로 여겨 봐 요. 가까이 있는 비눗방울 속에 무엇이 있는지 살펴보다가, 새로 다가온 비눗방울로 눈길을 옮겨 가요.

6. 명상이 끝나면 눈을 뜨고 숨을 깊이 쉬어요. 이제 일상으로 돌아가도 좋아요.

명상을 하다 보면 자신이 얼마나 많은 생각을 하는지 놀랄 거예요. 머릿속이 얼마나 꽉 차 있는지 알게 되고요. 마음 챙기는 방법을 익혀 보세요. 마음이 여유로워지면서 스트레스가 줄고 잡다한 생각에 덜 시달리게 될 거예요.

 • 명상하기 좋은 공간은 어떻게 만들까요? 꺾쪽에서 알아봐요!

제 7 장

# 내가 나한테 자꾸 심술을 부려요

자동적 사고에는 어느 순간이든 머릿속에 담긴 생각 모두가 포함돼요. 자동적 사고가 부정적일 때, '부정적 혼잣말'이라고 불러요. 부정적 혼잣말은 끊임없이 되풀이되기 때문에 마음을 망가뜨릴 수 있어요.

먼저 내가 어떤 부정적 혼잣말을 하는지 파악하는 게 중요해요.
이미 부정적 혼잣말에 익숙해서 스스로 알아차리지 못하거든요.

부정적 혼잣말은 다음과 같아요.

- 우울한 일만 다루어요. 비관적이고 절망적이죠.
- "이렇게 했더라면 더 좋았겠구나."보다 "망했어."라고 말해요.
- 앞뒤가 꽉 막혔어요. 상황이 바뀌어도 계속 부정적으로 말해요.
- 미래가 형편없을 거라고 예측해요.

**46** 일단 앉아 봐

## 부정적 혼잣말의 밑바닥

부정적 혼잣말의 밑바닥에는 바로 핵심 신념이 있어요. 부정적 혼잣말을 하다 보면 부정적 핵심 신념이 마음속으로 파고들어요. '나는 잘하는 게 없어.'라는 핵심 신념을 가지고 있다면, 부정적 혼잣말도 그대로 따라가요. 이를테면, 전학 간 학교 첫날에 '기분이 엿 같아. 애써 봤자 무슨 소용이야? 어차피 친구를 사귀지도 못할 텐데.'라고 생각하는 식이지요.

부정적 혼잣말은 이성적으로 생각하지 못하게 만든다는 점이 가장 나빠요. "나는 지지리도 못생겼어."라고 늘 혼잣말을 하는데 누군가 "너 오늘 진짜 멋져 보인다!"라고 말한다면 이렇게 답하게 될 거예요. "아, 여기가 어두워서 그렇게 보이겠지." 또는 "나 듣기 좋으라고 그러는구나?"라고요. 아니면 이렇게 말할지도 모르죠. "너, 제정신이니!"

## 부정적 혼잣말을 스스로 인식해요

창피하거나 부끄러워서 스스로 한심하게 느껴진 적이 있나요? 그때 자신에게 뭐라고 말했나요? 그 말 때문에 기분이 더 나빠지진 않았나요?

부정적 혼잣말은 하나도 도움이 안 돼요. 게다가 부정적 혼잣말을 완전히 없애기도 어렵지요. 사람이라면 어쩔 수 없는걸요. 하지만 자신에게 심각한 장애가 되지 않도록 부정적 혼잣말을 잠재울 수는 있답니다.

부정적 혼잣말을 등에 업힌 괴물로 상상해 봅시다. 뭐든지 엉망진창이라고 우기는 괴물 말이에요.

괴물은 이렇게
생기지 않았을까요?

## 부정적 혼잣말이라는 괴물

나쁜 감정을 그림이나 글로 털어놓으면 기분이 나아진다는 걸 알고 있나요? 마음에 담아 둔 나쁜 감정을 밖으로 꺼내는 것을 '외재화'라고 해요. 부정적인 생각을 불어넣는 괴물도 외재화할 수 있어요.

괴물은 어떤 모습일까요? 펜이든 크레용이든 매직펜이든 꺼내 놓고 혼잣말 괴물을 심술궂은 모습으로 그려 보세요. 커다란 송곳니에 사나운 눈빛……. 어떻게 그려도 좋아요. 괴물이 어떤 모습일지 구체적으로 생각해 보세요.

이번에는 이 괴물을 때려눕히고 혼쭐을 내서, 다시는 머릿속에 들어와 나를 깎아내리지 못하게 처치했다고 상상해 보세요. 괴물은 어떤 몰골일까요? 그 모습을 그려 보세요. 꽤 불쌍해 보이겠지요? 괴물이 그 몰골로 늘어져 있도록 노력해 보자고요!

👍 • 앞서 일기를 써 보라고 한 이유도 외재화 때문이에요. 일기 쓰기는 마음속 나쁜 감정을 외재화하는 좋은 방법이거든요. 아직도 일기를 쓰지 않고 있나요?

제8장

# 정확한 근거를 찾아요

부정적 혼잣말을 불어넣는 괴물은 현실을 똑바로 볼 줄 몰라요. 괴물은 나에 대해 자기만의 생각을 가지고, 그 생각에 반대되는 '근거'에 절대 귀를 기울이지 않죠. 심리학에서는 이것을 '여과하기'라고 불러요. 내 유리병에 금화가 있는데도 보지 못하는 것 역시 '여과하기'라는 현상 때문이에요. 괴물이 하는 말만 곧이듣고, 괴물이 하는 말과 다르면 내가 가진 장점도 스스로 걸러 내고 있지 않나요?

캐리는 혼잣말 괴물을 달고 다녀요. 괴물은 캐리가 뚱뚱하고 못생겼다는 말을 달고 살고요. 사실이 아닌데도 말이에요!

캐리는 칭찬을 받아도 무덤덤해요. 캐리 스스로 칭찬을 받을 만한 구석이 없다고 생각하거든요. 그래서 다른 사람이 캐리에 대해 칭찬하는 말도 믿지 못하는 거지요. 이런 행동이 바로 '여과하기'예요. 캐리의 유리병에 든 금화가 캐리 눈에 보일 리도 없죠.

정확한 근거를 찾는 방법을 익히고, 여과하기를 멈춰야 해요. 그래야 자신에 대한 생각을 바꿀 수 있어요.

## 근거를 찾아요

부정적인 혼잣말을 불어넣는 괴물과 맞서고 싶나요? 그럼 괴물이 하는 말과 반대되는 근거를 찾아야 해요. 혼잣말 괴물이 공격해 온다면 시간을 가지고 다음 질문에 답해 보세요.

1  내 생각이 옳다는 근거는 어디에 있지?

2  내 생각과 반대되는 주장을 뒷받침하는 근거가 있나?

3  모을 수 있는 모든 정보를 바탕으로 판단하고 있나?

4  흑백 논리로 생각하고 있나? 그렇다면 회색 지대도 있지 않을까?

5  내 잘못만은 아닐 수도 있는 일로 혼자 자책하고 있나?

6  사람은 누구나 실수하기 마련인데, 스스로 완벽하길 바라기 때문에 속상한 걸까?

7  이미 일어났거나 앞으로 일어날 일에 대해 부정적인 면만 부풀려 보고 있나?

8  한 가지 일에 지나치게 의미를 부여했나?

• 칭찬을 받아들이지 못하는 편인가요? 그렇다면 '여과하기' 중일 거예요.

이번에는 잭과 함께 여과하기가 어떻게 작용하는지 살펴봅시다. 잭이 학교에서 발표를 했어요. 발표가 끝나자 반응은 다음과 같았어요.

- 선생님께 B+ 성적을 받았어요.
- 선생님은 잭에게 말이 빨랐으니 다음에는 천천히 말하면 좋겠다고 조언했어요.
- 발표를 마치자마자 박수가 쏟아졌어요.
- 나중에 친구들이 다가와 "잘했어"라고 말했어요.
- 줄리는 자기 발표 준비를 도와 달라고 부탁했어요.

하지만 잭은 집으로 돌아와 이렇게 말했지요.

잭은 좋게 받은 평가를 싹 걸러 냈어요. 혼잣말 괴물이 속삭이는 대로 발표를 망쳤다고 믿는 거죠. 잭이 제대로 근거를 따진다면 어떤 기분을 느낄까요?

## 근거를 파악하기

스스로 한심하게 느껴지는 점이 있을 거예요. 그 근거를 하나씩 따져 봅시다. 잭처럼 일기장에 다음과 같이 표를 그려 봐도 좋아요.

| 날짜 | 사건 | 부정적 혼잣말 | 부정적 혼잣말에 대한 근거와 반론 | 근거를 따진 뒤에 드는 생각 |
|------|------|---------------|-----------------------------------|---------------------------|
| 월요일 | 학급 발표 | 난 형편없어. 별로 똑똑하지도 않고. 발표하는 게 두려워. 아는 것도 없는걸. | 선생님은 내가 너무 빠르게 말했다고 지적하셨어. 발표 성적은 괜찮게 받았지. 친구들은 발표가 아주 좋았대어. 줄리는 자기가 발표를 준비할 때 도와 달라고까지 부탁했는걸. 내가 발표를 못했다면 도와 달라고 하지 않았을 거야. | 내가 발표를 꽤 잘했네. 다음번에는 말을 천천히 해야겠어. |

근거를 하나하나 따져 보니, 잭은 자기가 발표를 꽤 잘했다는 걸 깨달았어요. '말이 너무 빨랐다.'라는 평가에 풀죽어 있기보다, 이번 발표를 교훈 삼아 다음 발표 때 더 멋지게 해내야겠다고 생각했지요!

이처럼 자신의 핵심 신념과 핵심 신념에서 뻗어 나오는 생각들을 제대로 파악하는 게 중요해요. 그래야 근거를 가지고 올바르게 반박하며 긍정적인 사고를 발달시킬 수 있지요. 나아가 자아상을 높이고, 어떤 상황에서도 평정심을 잃지 않는 데 도움이 될 거예요.

 • 부정적 혼잣말에 대해 근거와 반론을 쓸 때 51쪽에 소개된 질문들을 참고하세요.

# 제 1 장

# 가족이 대체 뭐라고!

우리는 집에서 많은 시간을 보내요. 그러니 가정생활을 평온하게 보내는 것도 중요하지요. 부모님이나 형제자매와 사이좋게 지내기 힘든 날도 있어요. 가족과 껄끄러운 사이가 되기도 하죠. 하지만 가족은 우리에게 가장 큰 힘이 되어 주는 존재예요.

가족은 크기나 형태가 다양해요. 외동으로 클 수도 있고, 형제자매가 많을 수도 있어요. 부모님이 두 분 다 계시거나, 한 분만 계실 수도 있고요. 한집에 살거나, 집이 두 군데로 나뉘어서 양쪽을 왔다 갔다 할 수도 있어요. 의붓아버지나 의붓어머니, 의붓 형제자매, 이복 형제자매 또는 조부모님과 같이 살기도 해요. 보육원에서 자라거나, 양부모님 밑에서 클 수도 있지요. 가족이라고 부를 만한 경우의 수는 무궁무진해요. 이 책에서 '가족'은 넓은 의미로 쓰여요. 같이 살면서 가장 많은 시간을 함께하는 사람들을 모두 '가족'으로 보아요.

## 가족에 대해 써 보기

일기장에 가족의 이야기를 써 보세요. 나만의 관점으로요. 가족 안에서 내 입장이 어떠한지도 적어 보세요. 그림을 곁들여도 좋아요.
가족 중에 자기 이야기를 쓰고 싶어 하는 사람이 있는지도 살펴봐요. 서로 시간을 내서 각자 쓴 이야기를 들려주세요. 새로운 사실을 알게 되어 놀랄 거예요. 상대방을 이해하는 좋은 방법이랍니다.

일기를 쓰기 전에 생각해 봅시다. 누구에 대해 쓰고 싶나요? 키우는 개도 이야기에 나올 건가요? 여러 인물이 어떻게 어울리고 있나요? 가족에게 어떤 큰 사건이 벌어졌나요? 가족의 한 명으로 나는 어떻게 지내고 있나요?

이번에는 유리병을 가족에게 적용해 봅시다. 개인이 저마다 금화 유리병을 가지듯, 가족도 가족끼리 공유하는 커다란 유리병이 있어요. 서로 좋은 기억이나 유쾌한 기분을 자주 나누었다면 유리병에 금화가 가득 차 있을 테고, 그 반대라면 유리병에 금화가 거의 들어 있지 않겠죠. 유리병에 금화가 얼마나 담겼는지를 보면, 가족의 건강 상태를 진단할 수 있어요.

가족용 유리병에는 금화를 어떻게 채울 수 있을까요?

아래 내용을 참고하세요.

1 함께 이야기 나눌 시간을 마련하고, 서로의 이야기에 귀를 기울여요.

2 서로에게 감사하는 마음을 가져요.

3 서로가 지닌 재능을 가정 안팎에서 지지해요.

4 늘 서로를 존중해요.

## 가족 관계도

가족과 얼마나 사이좋게 지내고 있나요? 일기장에 '나'를 가운데에 놓고 가족들을 주위에 그려요. 이제 나와 가족 구성원의 관계를 다양한 색깔과 두께로 나타내 봅시다. 신뢰하는 관계는 파란색으로, 소통이 잘되는 관계는 초록색으로, 갈등이 있는 관계는 빨간색으로 표시해요. 관계가 두터울수록 선도 두껍게 그어요.

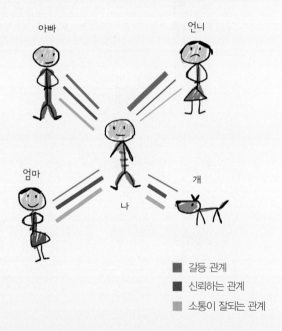

■ 갈등 관계
■ 신뢰하는 관계
■ 소통이 잘되는 관계

이렇게 관계도를 그려 보면 나와 가족 간의 관계가 어떠한지 한눈에 보여요. 가족 구성원마다 그려 보게 한 뒤 서로 비교해 봐도 좋아요. 관계도에서 드러난 갈등을 해결하기 위해 서로 소통하는 노력이 뒤따라야겠지요. 가족 중 누군가 두꺼운 빨간색으로 이어졌다면, 그 사람과 이야기를 나누도록 해요. 영 내키지 않는다면, 다른 가족 구성원을 불러서 거들어 달라고 해도 좋아요. 특히 초록색과 파란색 선으로 두껍게 이어진 가족이 함께한다면 더할 나위 없겠죠.

# 제2장

# 가족과 말다툼을 했어요

가족끼리 다투는 풍경이 정상이라는 사실을 아나요? 갈등은 서로 기대치가 다르기 때문에 일어나요. 가족끼리는 너무 가깝게 지내서 기대치가 서로 부딪치는 일이 잦아요. 갈등을 해결할 때는 좋은 타이밍을 노려요.

갈등 자체는 문제가 아니에요. 대처하는 방법이 중요하지요. 갈등에 대처를 잘해야 가족 관계에서 평정심을 유지할 수 있어요. 그러려면 신뢰를 쌓고 원활히 소통해야 해요. 갈등이 생겼을 때 그 상황에 대해 함께 이야기를 나눌 수 있어야 하죠. 갈등에 대처하는 방법을 익혀서, 괜히 소리 지르며 싸우거나 문제를 못 본 척하며 방치하지 않도록 해요. 가족과 이야기를 나누기에 감정이 몹시 격할 때도 있어요. 문제가 골치 아프고 조절하기 어려운 상황이라면 더욱 그렇겠지요. 그럴 때는 가족 밖의 다른 사람을 떠올려 보세요. 선생님이나 가족, 삼촌도 좋아요.

가정에서 갈등이 일어나면 흔히 다음 두 가지 방식으로 대처해요. 하지만 둘 다 좋은 방법은 아니지요.

첫째, 고래고래 소리 지르기(문제 해결에 전혀 도움이 안 돼요.)

둘째, 화가 나서 입을 꾹 다물고 속으로만 열 내기

## 적극적으로 듣기

적극적으로 듣기는 어떤 갈등에서건 손꼽히는 대처 방법이에요. 상대방의 말을 열심히 듣겠다고 스스로 다짐하세요. 그러면 진심으로 귀담아듣고 있다는 사실을 상대방도 느낀답니다.

1. 말하고 있는 상대방과 똑바로 시선을 맞춰요.

2. 상대방에게 집중하면서 상대방의 관점에서 이해하려고 노력해요.

3. "응."이나 "그랬구나."라고 대꾸하거나 "다시 설명해 줄래?" 하고 되물어요. 그러면서 내가 상대방의 말에 집중하고 있다는 걸 표현해요.

4. 이해한 내용을 다시 말로 표현해 봐요. 잘못 이해한 부분은 상대방이 고쳐 줄 수 있게 해요.

5. 내 생각만 밀어붙이진 마세요. 상대방의 입장을 이해하는 것이 중요해요.

6. 상대방도 똑같이 하도록 유도해 보세요.

## 타이밍이 중요해요

갈등을 해결할 때 무엇보다도 타이밍이 중요해요. 감정이 북받쳐 오른 상태에서 문제를 해결하려는 건 큰 실수예요! 그러니 감정이 가라앉을 때까지 기다려요. 나 또는 상대방이 머리끝까지 화가 치밀어 오른 상태라면 갈등 얘기는 접어 두도록 해요.

갈등을 풀고 싶다면, 다음 타이밍을 노려요.

- 상대방의 마음이 가라앉았을 때
- 상대방이 산만하지 않을 때
- 갈등에 대해 속이 후련해질 때까지 이야기를 나눌 시간이 충분할 때
  (다시 말해, 15분 뒤에 다른 약속이 잡혀 있어선 안 되겠죠.)

상대방과 미리 시간을 정해 봐요. "너랑 이야기를 나누고 싶어. 오늘 오후에 다른 일 없으면 시간 좀 내줄래?" 정도로 말을 꺼내요.
상대방을 위협하면, 상대방도 몸을 사리게 마련이에요. 괜히 자기방어 하는 데 힘을 빼지 않도록 서로 노력하며 갈등을 풀어요.

- 상대방을 비난하지 마세요. '나'를 주어로 말하려고 애써요(64쪽을 참고하세요).
- 적극적으로 듣기 자세로 상대방의 입장에 귀 기울여 들어요. 목소리는 높이지 않도록 주의하세요.
- 상대방과 타협하면서 절충점을 찾겠다는 마음을 가져요.

마음을 터놓고 얘기하기에 좋은 타이밍이 아니에요.

## '나'를 주어로 말하기

"네가 나를 짜증 나게 만들었잖아." 또는 "네가 잘못했잖아!"라는 말로 대화를
꺼내면 또다시 싸움을 시작하기 십상이에요. '너'로 말을 시작하며 상대방을 비
난하면, 상대방은 궁지에 몰린 기분을 느껴요. 금세 방어적으로 굴게 되지요.
'너' 대신에 '나'를 주어로 말하면 상황이 달라져요!

나 정말 속상해요.
언니랑 비교당해서요.

"아빠 때문에 화가 나요! 언니랑 나랑 비교해서요!"라고 말하기보다 "나 정말 속
상해요. 언니랑 비교당해서요."라고 말하는 쪽이 더 부드럽게 들려요. 상대방의
반응도 더 나아질 테고요.
'나'를 주어로 말하면 자기 감정에 책임감을 가지고, 상대방에게만 비난의 화살
을 돌리지 않을 수 있어요. 나와 상대방 모두 '나'를 주어로 말한다면 갈등은 더
욱 쉽게 해결될 거예요.

제3장

# 가족과 함께 시간을 보내요

학교, 학원, 회사, 집안 살림에 매여 살다 보면, 가족이 그저 같은 집에서 하숙하는 사람처럼 느껴질 수 있어요. 적어도 일주일에 한 번쯤(가능하다면 더 자주) 가족과 함께하는 시간을 마련해 봐요. 느긋이 어울리는 시간을 가지면 이해가 깊어지고 서로 힘이 되는 가족으로 지내게 될 거예요.

가족 모임을 즐기기 위해 아래 규칙을 따라요.

- 모일 시간과 장소를 다 함께 미리 정해요.
- 가족 모임만큼은 모든 약속에서 최우선으로 두어요.
- 가족 모두에게 즐겁고 흥거운 시간이 되어야 해요.
- 한 명씩 역할을 맡아 가족 모임에 적극적으로 참여해요.

가족 모임을 가지기에 앞서 총감독을 뽑아요. 총감독은 가족 구성원이 돌아가면서 맡고요. 가족 구성원마다 담당 역할을 계속 바꿔 봐요. 특별 요리 준비, 게임 준비, 모임 장소 알아보기 등 여러 역할이 있겠지요. 가족 모임 날짜와 시간은 온 가족이 합의를 하더라도, 그날을 어떻게 보낼지는 총감독에게 맡겨요.

가족 모임에서 지켜야 할 규칙이 두 개 더 남았어요.

- 훼방꾼은 치워 두세요. 텔레비전, 게임기, 휴대 전화, 그 밖에 뿅뿅 소리가 나는 모든 기기를 꺼두도록 해요. 물론 부모님에게도 해당되는 규칙이랍니다!
- 온 가족이 즐길 수 있는 활동이어야 해요.

가족 모임을 정기적으로 가지면 소통이 원활해지고 신뢰가 쌓이면서 갈등도 줄어들어요. 한 달 동안 가족 모임을 몇 번 연 뒤에 가족 관계도를 다시 그려 보세요. 가족 모임을 가지기 전에 그린 가족 관계도와 비교해 보면 분명 달라져 있을 거예요!

## 가족회의를 열어요

가족회의는 가족 모임과 달라요. 가족 모임에 대한 계획을 세우는 회의를 포함해 가족과 관련된 모든 '일'을 다루기 때문에 더 진지한 시간이에요.

가족회의 때는 새로운 소식을 나눠요. 학교 연극, 스포츠 행사, 동네 밴드 공연 등 여러 행사에 대해 알려도 좋아요. 가족이 알아두면 좋을 뉴스면 뭐든지 공유해요.

- 가족끼리 편을 나누어 컴퓨터 게임을 하거나 다 함께 DVD를 본다면 디지털 기기가 필요하겠지요. 그래도 가족 모임 시간을 매번 텔레비전 앞에서 보내지 않도록 애써 보자고요!

가족 구성원 수가 적더라도(둘 뿐이더라도) 일주일에 한 번씩 저녁을 먹으며 가족회의 시간을 가져 봐요. 저녁 식사를 하더라도 가족회의를 위해 모였고, 가족 모임과는 엄연히 다른 시간임을 잊지 마세요.

아래 사항을 참고해서 자기 가족에 맞게 적용시켜 보세요.

- 가족회의는 일주일에 한 번 정도가 적당해요. 단, 한 시간 이내에 끝내세요.
- '한 바퀴 돌기'로 시작해요. 가족 구성원이 돌아가며 현재 어떻게 지내는지 말하는 거예요.
- 어떤 문제든 털어놓고, 갈등을 풀고, 좋은 소식을 알리는 기회로 삼아요.
- 무슨 일이 언제, 어떻게 진행되는지 정확히 알려요.
- 가족 모임을 계획하고, 누가 언제 무슨 역할을 맡는지 서로 확인해요.

가족회의가 진지해야 한다고 해서 따분하라는 법도 없어요.
가족회의 시간을 즐겁게 만들 방법을 생각해 봅시다!

제4장

# 나만의 공간을 가져요

집이라는 곳은 부엌, 거실, 화장실처럼 공동으로 쓰는 공간이 많아요. 화목한 가정은 공동 공간을 존중하며 살아요. 하지만 아무리 존중하며 산다고 해도 여럿이 함께 살면 서로 부대끼게 마련이에요. 그래서 개인 공간을 갖는 게 중요해요. 누군가와 함께 쓰는 자그마한 방안이라도 말이에요.

나만의 공간은 몸과 마음이 차분해질 수 있는 청정 구역이어야 해요. 이 공간이 너저분해지지 않도록 정돈해서 최대한 스트레스가 없는 상태로 유지해요.

내가 좋아하는 것들로 주위를 꾸며도 좋아요. 즐거웠던 기억을 떠올리게 하는 포스터를 붙일 수도 있겠지요. 나만의 공간은 '내 모습 그대로'의 나를 풀어 놓는 곳이어야 해요. 그래야 그날 골치 아팠던 일들을 모두 털어 버릴 테니까요.

# 풍수를 이용해 공간을 꾸며요

풍수는 중국에서 전해진 사상으로, 주변 공간을 자기 삶에 이롭게 활용하는 방법을 알려 줘요. 풍수에 따라 다음 사항들에 유의해서 방을 꾸며 봐요.

- 바람이 잘 통하고 활기 띤 공간이 되도록 잡동사니를 치워요.
- 자기가 원하는 분위기를 띤 색깔로 방을 꾸며요.
- 창문을 열어 환기를 시키고 초록 식물을 적절한 자리에 놓아요.
- 복이 들어오도록 중요한 상징물을 전략적으로 배치해요.

## 실행에 옮겨요

### 나만의 공간 만들기

내가 어떤 사람인지, 내가 무엇을 좋아하는지 드러나도록 공간을 꾸며 봅시다. 공간을 꾸미기에 앞서 자신에게 다음과 같이 물어보세요.

무엇이 내게 중요할까?

무엇이 내게 영감을 줄까?

나는 무엇에 행복해할까?

나는 무슨 색을 좋아할까?

무엇이 나를 더 나은 사람이 되고 싶게 만들까?

이 답에 따라 방을 꾸미면, 자기만의 공간에서 기분이 좋아지고 마음도 평온해질 거예요.

## 공부하는 공간, 창의적인 공간, 잠자는 공간

심리학에는 '연상'이라는 개념이 있어요. 어떤 대상이 다른 대상을 떠올리게 하는 작용을 말해요. '책상' 하면 '공부'가 떠오르고, '공' 하면 '놀이'가 생각나는 식이지요.

'공부'와 관련된 연상이 '놀이'와 관련된 연상과 섞이지 않도록 나만의 공간을 나누세요. 잠을 푹 자려면, 침대 주변에 놓인 자극적인 물건을 싹 치워 두세요. 책상이 있는 공간 역시 잡동사니를 치우고 공부에 필요한 물건들로 정리해 두세요. '이제 공부 시간이야.'라는 메시지를 뇌로 보내는 거지요. 창조적인 일을 할 공간도 따로 마련해 보세요. 일기를 쓸 사적인 공간도 확보하고요. 모든 공간을 완벽하게 분리하기는 힘들겠지요. 그래도 나만의 공간을 효율적으로 구성한다면 공간에 대한 연상 작용을 최대한 끌어올릴 수 있어요.

## 명상 공간 만들기

답답하거나 속상한데 나만의 공간을 마련할 수 없다면, 명상 공간을 만들어 봐요. 명상은 고요히 앉아서 번잡한 세상을 멀리하고 나를 돌아보는 것을 말해요. 명상 공간은 깨끗이 치운 바닥에 방석 하나만 놓으면 된답니다. 산이나 바닷가처럼 차분한 자연 풍광이나 정원 풍경이 담긴 포스터를 붙이는 것도 좋아요. 풍수를 생각하면서 그 공간을 특별하게 특징짓는 상징물도 하나 놓아두세요.
명상 공간은 고요하고 차분해지는 곳이에요. 긴장을 풀고 재충전을 하는 곳이죠. 45쪽에서 배운 명상과 149쪽에서 배울 요가를 이 명상 공간에서 하면 된답니다. 명상 공간은 내 모습 그대로 있을 수 있는 곳이니 공들여 정해 보세요.

 • 잔소리처럼 들리겠지만, 잠자리에서는 스마트폰, 태블릿 컴퓨터, 텔레비전을 두지 않도록 해요. 전자기기가 가까이 있으면 잠드는 데 방해가 되거든요. 잠자리에는 조명등, 자명종, 물 한 잔, 책 정도만 놓아 두세요.

제5장

# 잠이 안 와요!

너무 긴장이 돼서 잠이 안 올 때가 있나요? 처음에는 걱정하느라 잠이 안 왔다가, 나중에는 잠이 안 와서 걱정되기 시작하죠. 밤에 걱정이 밀려든다면 얼른 털어 내야 해요. 자, 이제 일기장을 꺼내 '외재화'를 시작할 때예요!

## 걱정은 글로 적어요

잘 시간인데도 걱정거리에 짓눌려 있다면 감춰 둔 일기장을 꺼내세요. 일기 쓰기는 15분에서 20분 사이에 끝내도록 해요.

걱정거리를 털어 내는 방법은 다음과 같아요.

1 걱정거리를 머릿속에서 꺼내 종이에 옮겨요.
2 다 적었다면 자기 전까지 편안히 쉴 수 있도록 걱정거리는 잠시 잊어요.
3 다음 날 아침에 해야 할 일들은 미리 적어 두세요.

## 이젠, 털어 내요!

걱정거리를 다 적었나요? 그럼 걱정거리는 종이에 내팽개치고, 머릿속에서 지웁시다!

일기는 나를 빼고는 아무도 읽지 않을 테니 솔직하게 쓰세요. 걱정거리를 속에서 끄집어내 종이에 털어 내는 게 목표예요. 그림을 좋아한다면 걱정거리를 그림으로 표현해도 좋아요.

걱정거리를 종이에 모두 꺼내 놓았다면, 다음 장에 꼭 기억해야 할 점들을 적어 놓아요. 다음 날 아침에 처리할 수 있게요. 이제 할 수 있는 일은 다했어요. 잠자리에 들면 돼요.

나중에 일기장을 펼쳐, 51쪽에서 소개한 '근거에 대한 질문 목록'에 비추어 하나하나 점검해 보세요. 걱정의 크기가 얼마나 줄어들었는지도 한번 살펴보고요.

## 몸을 이완시키기

감정을 글로 적어 봐도 스트레스가 털어지지 않을 때가 있어요. 자기도 모르게 스트레스를 싸안고 다니는 경우가 많지요. 그럴 때 침대에 누워 할 만한 좋은 운동이 있어요. 아마 운동이 끝나기도 전에 잠들어 버릴지도 모르지만, 스르르 잠든대도 좋아요.

침대에 똑바로 누워 두 팔을 옆에 내려놓아요. 스트레스를 차근차근 몸에서 몰아내며, 천천히 깊게 호흡하세요.

1. 코로 숨을 깊게 들이쉰 다음 발끝에 힘을 꽉 주세요. 더는 힘을 줄 수 없다 싶을 때에도 한 번 더 힘을 주세요! 그다음 숨을 내쉬면서 동시에 발에서 힘을 빼세요. 발에서 긴장감이 사라지고 편안해지는 것을 느끼세요.

2. 종아리, 무릎, 허벅지를 거쳐 엉덩이까지 1번을 똑같이 반복하세요. 숨을 들이마시며 각 부위에 힘을 준 다음, 한 번 더 힘을 주는 거지요. 마지막으로 숨을 내쉬면서 힘을 빼세요.

3. 엉덩이를 지나 양손을 거쳐 아래팔, 위팔, 어깨까지 올라오세요. 어깨까지 운동을 끝냈다면, 다시 내려가 배를 거쳐서 가슴으로 옮겨 가세요.

4. 목과 머리만 남았네요. 목에 최대한 힘을 준 다음 힘을 빼세요. 이번에는 얼굴을 한껏 찡그려 보세요. 보는 사람이 아무도 없어서 다행이지요? 마지막으로, 혀를 입천장에 대고 힘을 꽉 준 다음 완전히 힘을 푸세요.

이제 몸에서 모든 스트레스를 다 떨쳐 냈어요. 발끝에서 머리끝까지 긴장이 완전히 풀렸지요. 긴장을 이완시키는 운동을 하면, 아침에 상쾌한 기분으로 일어날 수 있고 다음 날에도 잘 대처할 수 있답니다.

# 제6장

# 시간을 관리해요

나만의 공간을 마련했다면, 시간을 어떻게 활용할지도 생각해 봅시다. 하루 일과는 등교, 방과 후 활동, 취미 생활 등 날마다 비슷비슷하게 정해져 있어요. 나만의 시간은 어떻게 보내고 있나요? 무엇을 할지 온전히 내가 결정할 수 있는 시간이니, 현명하게 써야겠죠?

'시간을 이렇게 보내야지.' 하고 마음먹어도 실제로는 다르게 시간을 보내게 되지요? 일기장에 개인 시간에 하는 일을 적어 보세요. 친구와 놀기, 게임하기, 책 읽기, 숙제하기, 텔레비전 보기 등이 있겠지요. 76쪽에서 내가 하루를 어떻게 보내는지, 원그래프로 나타내 볼 거예요. 날마다 주어진 시간은 똑같지만, 어떠한 마음가짐으로 시간을 분배하느냐에 따라 하루를 알차게 보낼 수도, 혹은 그렇지 않을 수도 있답니다.

### 하루를 어떻게 보내고 있나요?

두 개의 원그래프를 그려 보죠. 하나는 어떻게 시간을 보내는지 솔직하게 나타
내요. 다른 하나는 앞으로 시간을 어떻게 보내고 싶은지를 그려 봐요. 인터넷 하
기, 친구 만나기, 공부하기, 운동하기 등으로 분류해 보세요.

'인터넷 하기'와 '친구 만나기' 부채꼴
이 엄청나게 크네요. 이 시간들을 조정
해야겠어요!

내가 싫어하는 일보다 좋아하는 일에 시
간을 더 쓰기 마련이에요. 직접 그린 원그
래프도 그렇게 보이지요?

## 긍정적 보상을 이용해요

'긍정적 보상'은 노력에 대해 주는 상을 말해요. 열심히 공부한
상으로 좋은 성적을 받거나, 달리기를 잘해서 상으로 메달을 받듯
이 말이에요. 긍정적 보상은 주로 타인에게서 받는데, 내가 나한테
긍정적 보상을 주는 방법도 알아 두면 좋아요.

시간을 관리할 때 어려운 일을 먼저 하고, 그에 대한 긍정적 보
상을 주도록 해요. 이를테면 따분한 일이나 숙제를 한 뒤에 게임

을 한다든지, 좋아하는 텔레비전 프로그램을 보는 식으로요.

긍정적 보상은 두 가지 면에서 도움이 돼요. 첫째, 어려운 일을 다 끝낸 뒤 즐거운 일을 맞이하는 기쁨을 누려요. 둘째, 싫은 일에서 완전히 해방되어 온전히 좋아하는 일만 즐길 수 있어요. 힘든 일을 먼저 하고 긍정적 보상을 나중에 하는 것은 연습과 동기 부여가 필요한 일이에요. 그래도 당장은 물론이고 인생을 길게 볼 때도, 해 볼 만한 가치가 있는 일이랍니다.

**꿀팁!**

## 마시멜로 실험°

긍정적 보상을 뒤로 미루고 자제할 줄 아는 사람이 남은 삶을 훨씬 성공적으로 살아간다는 연구 결과가 있어요. 심리학자들이 만 4~6세 아이들을 대상으로 한 '마시멜로 실험'에서 알아냈지요. 심리학자들은 아이 앞에 마시멜로를 하나 놓아 주면서 "이 마시멜로를 십오 분 동안 먹지 않고 참으면 한 개를 더 줄게. 하지만 십오 분 안에 이걸 먹으면, 이거 한 개만 먹게 되는 거야."라고 말했어요. 여러분이라면 어떻게 하겠나요?

어떤 아이는 마시멜로를 바로 먹었고, 어떤 아이는 나중에 마시멜로를 하나 더 얻기 위해 참았어요. 꼬마들에게 15분이 얼마나 길었을까요! 심리학자들은 실험에 참여한 아이들이 자라서 어떻게 살아가는지 알아봤어요. 실험에서 마시멜로를 먹지 않고 참았던 아이들은 모든 영역에서 더 나은 삶을 살고 있었지요.

자신은 도저히 긍정적 보상을 미룰 성격이 아니라고 생각할 수 있어요. 하지만 노력하면 달라져요. 시간을 들여 운동하며 근육을 키우는 것과 같아요. 그러니 지금부터라도 노력해 봐요!

 • 위에 나온 실험의 정식 명칭은 '스탠포드 마시멜로 실험'이에요. 심리학자인 월터 미셸이 1972년에 한 실험이지요. 그 뒤로도 마시멜로 실험은 여러 번 이루어졌고, 의미 있는 결과를 냈어요.

제7장

# 집안에 큰일이 생겼어요

가족 사이에 말다툼, 의견 충돌, 싸움 등은 늘 일어나지요. 이런 자잘한 갈등도 제대로 풀기란 쉽지 않아요. 그래도 큰일 앞에서 자잘한 갈등은 갈등으로도 느껴지지 않을 거예요. 그렇다면 진짜 큰일이 닥쳤을 때 어떻게 대처해야 할까요?

살다 보면 부모님이 별거하거나 이혼하거나 애완동물이 죽거나 심지어 가족 중 누군가가 죽는 아픔을 겪을 수 있어요. 세상이 무너져 내린 것 같고, 앞으로 살아 봤자 별 볼 일 없을 거라고 느껴지겠지요.

큰일이 닥치면 힘들 거예요. 하지만 다른 사람의 도움을 받으면 큰일을 견뎌 낼 방법을 배울 수 있어요. 그러니 혼자 끙끙 앓지 말고 주변 사람들과 고민을 이야기하며 닥친 문제를 헤쳐 나가 봐요.

# 이야기를 나누어야 할 때

내 문제를 다른 사람과 이야기하는 건 언제든 도움이 돼요. 가정에 큰일이 닥쳤을 때는 특히 더 그렇죠.

가정에서 일어난 문제를 감당하기 버거울 때, 직계 가족이 아닌 사람과 얘기하는 쪽이 더 나을 때도 있어요. 내 가정사에 깊이 발 담그고 있지 않은 사람이랄까요? 이모나 삼촌 또는 믿음이 가는 선생님이나 친구의 부모님 같은 분이겠지요.

무슨 고민이 있나요?

내가 신뢰하는 사람 말고, 가끔은 전문 상담사나 정신과 의사와 이야기하는 것도 필요해요. 1388 같은 무료 상담 센터도 있으니, 지금이라도 용기를 내어 전화를 걸어 보세요!

 • 162쪽에 자세한 정보가 있어요!

## 나쁜 일에 대처하는 힘을 길러요

나쁜 일이 생긴 것만으로도 최악인데, 해결할 자신이 없어 발만 동동 구른다면 더 끔찍하겠지요? 이럴 때 아래처럼 생각한다면, 답이 없어요.

**과대평가** 상황이 얼마나 나쁜지, 앞으로 얼마나 더 나빠질지 부풀려 생각할 때

**과소평가** 도저히 이 상황을 헤쳐 나갈 수 없으리라고 지레짐작해 버릴 때

부모님이 이혼을 앞두었다면, '헐, 완전 재앙이야! 내 삶은 결코 예전 같지 않겠지. 감당하지 못할 거라고!' 이렇게 생각할 수 있죠. 이런 반응은 부정적 혼잣말을 불어넣는 괴물 때문이에요. 이 괴물이 나쁜 상황을 접수해서 더 나쁜 상황으로 몰고 가는 거지요. 이때는 다음과 같이 생각하는 쪽이 더 나아요. '헐, 완전 끔찍해! 이따위 상황이 벌어지다니. 마음에 들지 않아. 하지만 꼭 이겨 내야지. 받을 수 있는 도움은 다 받겠어!'라고요. 상황이 나쁜 건 여전하지만, 겁부터 집어먹지 말고 스스로 자신을 격려하도록 해요.

누구나 끔찍한 일을 겪으면 부정적 감정을 느껴요. 그래도 잘 이겨 내려고 노력하지요. 마음은 계속 아프더라도 말이에요. 끔찍한 일이 벌어졌을 때, 사람들이 제대로 대처하지 못하는 것은 그 일 자체가 아닌 '공포'라는 감정이에요. 공포야말로 상황을 훨씬 나쁘게 느끼도록 하는 주범이지요.

심각한 일이 발생했을 때 다음 내용을 기억하세요.

1  슬픔, 노여움, 좌절감, 절망 등 여러 감정이 밀려들 거예요. 이런 감정을 느끼는 건 자연스러운 일이에요. 감정을 떨치려고만 하지 말고, 밖으로 꺼내어 이야기해 봐요.

2  여러분은 생각보다 상황에 잘 대처할 수 있어요. 다가올 일에 미리 겁먹지 말고 그날그날에 집중하세요.

3  결코 벗어날 수 없을 것만 같던 아픔도 시간이 지나면 반드시 무뎌져요. 감정을 이야기로 꺼내 놓을수록 아픔은 더 빨리 아물어요.

도저히 감당할 수 없겠다 싶을 때, 세상이 끝날 듯이 느껴지겠죠. 하지만 내가 이 상황을 감당할 수 있는 사람이라고 깨닫기만 해도, 세상이 끝나진 않는다는 사실을 알게 될 거예요.

제8장

# 솔직히 털어놓아요

가족에게 큰 변화가 생기면 세상이 와르르 무너진 듯이 느껴질 거예요. 형이나 언니가 독립해서 집을 나가거나 부모님이 별거할 때처럼 말이에요.

처해 있는 상황에서 큰 변화를 겪으면 누구나 겁이 나기 마련이에요. 가족과 관련된 일이라면 더욱 그렇겠죠. 앞으로 상황이 어떻게 바뀔지, 무엇을 해야 할지 가늠할 수 없으니 불안한 마음도 들거예요.

많은 문제들이 그렇듯, 당장에 나서서 상황을 좋게 확 바꿀 수는 없어요. 다만 벌어진 일에 대해 오만 가지 감정이 들 수 있는데, 그래도 괜찮다는 사실을 아는 게 중요해요. 내 감정 또한 내 일부니까요.

## 부모님의 별거와 이혼

부모님이 이혼한다면 마음이 복잡해지겠죠. 슬픔에 잠길 테고요. 하지만 화가 나거나, 오히려 부모님이 이혼해서 마음을 놓는 경우도 흔하답니다. 여러 감정이 뒤섞이는 건 자연스러운 일이에요. 하지만 그중, 죄책감처럼 내게 도움이 되지 않는 감정도 있어요. 부모님이 이혼하는 게 자기 탓이라고 생각하는 아이들이 상당히 많답니다. 자신이 다르게 행동했다면 부모님이 계속 함께 살 거라고 느끼며 죄책감에 빠지지요.

하지만 이 사실을 꼭 알아 두세요. 부모님이 헤어지는 건 부모님 두 분의 문제이지 여러분 때문이 아니라는 사실을요. 나 때문에 부모님이 헤어졌다는 생각으로 자신을 괴롭히지 마세요.

부모님이 헤어지는 상황에서는 결정해야 할 일이 많을 거예요. 나와 밀접하게 관련된 일들은 알고 있을 필요가 있어요.

부모님이 이혼하거나 별거하기로 했다면, 아마 다음과 같은 궁금증이 생기겠지요.

- 이다음엔 어떤 일이 벌어질까?
- 엄마 아빠 중 누가 집을 나가실까? 나가신다면 어디로 가실까?
- 나는 누구랑 살까? 집을 나간 한쪽 부모님과는 얼마나 자주 만나게 될까? 내게도 발언권이 생길까?

## 누군가 죽었다면 어떻게 하지요?

사랑하던 이의 죽음과 마주하는 일. 살면서 가장 큰일에 속하지요. 가족 중에 누군가 죽는다면 특히 힘들 거예요.

누군가의 죽음 앞에서 평정심을 가질 수는 없어요. 그저 슬플 따름이지요. 그러니 가까운 사람이 죽었을 때 주변 사람들에게 의지해야 해요. 마음 가는 대로, 울고 싶으면 울고 소리치고 싶으면 소리쳐야 해요. 사람들과 많이 포옹하는 것도 좋아요.

누군가의 죽음을 겪으면 애도의 단계를 거치며 온갖 감정에 시달리게 돼요. 분노하거나 절망하거나 죄책감에 시달리거나, 심지어 이유 없이 마구 웃기도 해요! 어떤 감정이 들든, 있는 그대로 받아들이세요. 내가 느낀 감정에 대해 다른 사람과 이야기를 나누는 것도 도움이 돼요.

# 큰일 때문에 친구들이 어색하게 행동할 때

큰일이 생겼을 때야말로 친구가 필요해요. 그런데 안타깝게도 큰일이 벌어지면 사람들이 어떻게 말하고 행동해야 할지 갈피를 잡지 못할 때도 있어요. 때로는 가장 친했던 사람들이 뜻밖에 입을 다물어 버리기도 해요. 왜 그럴까요?

내가 변한 게 아니라는 사실을 알고 나면 친구들도 괜찮아질 거예요. 시간이 걸릴 수도 있지만요. 내게 큰일이 닥친 일로 친구들이 입을 다물어 어색해졌다면, 친구들과 그 일에 대해 터놓고 이야기를 나눠 보세요. 나를 지지해 주는 친구에게 마음을 의지해 보고요. 그런 다음, 스스로 준비가 되었다 싶으면 다른 친구에게 다가가세요.

• 내게 큰일이 일어나지 않았다 해도 이 부분을 읽어 두세요. 큰일을 겪고 있는 친구에게 여러분이 더 나은 친구가 될 수 있도록 도와줄 테니까요. 조개마냥 입을 다무는 친구가 되지 않도록 해요. 친구에게 의지가 되는 사람이 됩시다.

# 자세 먼저 바꿔요

우리 삶에서 학교는 큰 비중을 차지해요. 좋건 싫건 학교는 꼭 가야 하죠. 이왕 다니는 거, 즐겁게 다녀야지 어쩌겠어요? 학교를 어떻게 생각하나요? 아침마다 어떤 빛깔의 선글라스를 끼고 학교로 향하나요?

학교를 어떻게 생각하느냐에 따라 하루가 달라져요. 학교는 공부만 하는 곳이 아니에요. 여러 선생님과 친구를 만나고, 운동장에서 온갖 일을 겪는 곳이지요.

지금도 머릿속이 학교 일로 가득 차 있지 않나요? 어떻게 하면 학교에서 멋진 경험을 쌓아 갈 수 있을까요? 앞서 믿음이 결과에 어떤 영향을 미치는지 살펴봤어요. A+B=C 공식은 학교생활에도 똑같이 적용된답니다.

## 자기 자세를 눈여겨봐요

마음속 감정은 자세에 고스란히 드러나요. 자세는 내 몸이 어떤 감정을 입었는지를 보여 주죠. 내 몸이 입은 감정은 남들 눈에 뻔히 보이기 때문에 소홀히 여기면 안 돼요. 머리를 푹 숙인 채 어깨를 움츠리고 다니면, 상대방도 부정적으로 반응해 오기 쉬워요. 내가 상대방에게 별 기대도 하지 않는다는 자세를 취하면, 상대방도 내게 큰 기대를 갖지 않아요. 나쁜 순환이지요. 이와 정반대의 자세를 보인다면, 결과도 정반대겠지요!

### • 실행에 옮겨요 •

**자세 바꿔 보기**

부정적 자세를 취해 보세요. 어떻게 보이나요? 기분은 어떤가요? 반대로 긍정적 자세를 취해 보세요. 어떻게 보이나요? 기분은 어떤가요? 자세 하나만 바꿔도 딴판으로 보이니, 놀랍지 않나요? 아침마다 집을 나서기 전에 어떤 자세로 학교에 가고 싶은지 생각해 보세요.

부정적 자세를
보이는 이반

긍정적 자세를
보이는 이반

이반을 보세요. 몸에서 드러나는 긍정적 자세와 부정적 자세가 한눈에 보이지요?

## 안 된다면 되는 척이라도!

자신감 넘치는 자세로 등교하면 달라지는 게 한둘이 아닐 텐데, 자신감이 넘치지 않아서 문제라고요? 이럴 때는 자신감이 넘치는 척이라도 해 보세요. 처음에는 무대 의상을 걸친 배우라도 된 듯, 내 모습이 가짜처럼 느껴질지도 몰라요. 그래도 자신감 넘치는 기분이 어떤지 몸이 한번 맛을 보면, 감정은 자연스레 뒤따라온답니다.

자신감 있는 자세를 취하면
자신감도 곧 따라올 거예요.

자신감 있는 태도에는 깨끗하고 단정한 차림새가 어울려요. 유명한 상표를 단 옷이나 운동화 따위는 필요 없어요. 아침에 집을 나설 때 입가에 치약이 남아 있는지, 옷깃에 음식이 묻어 있지 않은지 확인하세요. 하루가 끝났을 때도 몸에서 냄새가 나지 않게 깨끗이 씻도록 해요.

• 이건 짚고 넘어가죠.
자신감 넘치는 자세로 다니라는 말이, 공작새처럼 마구 뽐내고 뻐기며 다니라는 뜻은 아니에요!

# 전학 갔을 때

새로운 학교로 옮기는 건 꽤나 겁날 거예요. 학교, 교칙, 선생님, 친구······ 하나부터 열까지 죄다 낯설잖아요. 새 학교에는 어떤 생각을 머리에 담아 가겠어요? 오늘은 긍정적인 자세를 입고 가지 않을래요?

두려움과 설렘이 동일한 감정이라는 사실을 아나요? 내가 해석하기에 따라 지금 느끼는 감정이 두려움이 될 수도 있고, 설렘이 될 수도 있죠. 누구나 (심지어 선생님도) 학교에 가는 첫날은 떨려요. 이 떨림을 내게 좋은 쪽으로 끌어가자고요. 두려워서 떨리는 게 아니라, 설레어서 떨린 거라고 말이에요!

다음을 곱씹으면서 두려움을 설렘으로 바꿔치기하세요!

- "새로운 사람을 만나고, 새 친구를 사귈 거야."
- "낯선 일을 접하고, 낯선 공간을 살펴볼 거야."
- "전에 겁을 먹고 시도하지 못했던 일에 새로이 도전할 수 있는 기회야."
- "새롭게 출발할 수 있어."

미적미적 운에 맡기지 마세요. 새 학교에 간 첫날, 자신감을 가지고 두근두 근 설레는 마음으로 앞에 놓인 문을 활짝 열어젖히세요!

 • 봤죠? 어떤 문제든 '인식'이 중요하다니까요!

제$2$장

# 학교생활, 보통 일이 아니에요

학교 다니기란 보통 일이 아니에요. 선생님이나 친구들과 사이가 좋아야죠, 공부해야죠, 수업 끝나고 특별 활동 해야죠! 그저 물 흐르듯 무난히 학교생활에 젖어 들어야 해요. 쉽지만은 않은 학교생활을 잘하는 비법이 있을까요?

사람들은 왜 번지 점프를 할까요? 위험한 일에는 두려움과 설렘이 동시에 따라와요. 위험하지 않다면 재미도 반 이상 줄어들걸요. 다음과 같은 상황일 때, 막 번지 점프를 하려는 기분에 휩싸일 거예요.

- 사람들이 나를 좋아할지 궁금할 때
- 교실 앞에 나가 발표를 앞두고 비웃음을 받을까 걱정이 들 때
- 체육 시간에 망신당할까 봐 겁이 날 때
- 친구들이 내 옆에 앉고 싶어 할지 궁금할 때

위험을 감수해야 하는 상황마다 두려움 때문에 피할 건가요?
일이란 어떻게 풀릴지 알 수 없어요. 좋은 기회를 놓치게 될지도
모르고요. 필요 이상으로 겁먹지 마세요. 대수롭지 않은 위험에
쓸데없이 두려움만 부풀리지 않도록 해요.

**꿀팁!**

## 생사가 달린 문제 같아요?

인류가 동굴에 살던 오래전, 위험한 상황은 진짜로 위험했어요. 이웃을 화
나게 했다가는, 목숨을 잃기 십상이었지요. 사냥을 넉넉히 해 오지 못해서
마을 사람들에게 돌아갈 몫이 부족한 날에는, 마을에서 내쫓길지도 모를 일
이었고요. 잠시라도 정신을 놓았다가는 날카로운 송곳니를 가진 호랑이에게
잡아먹힐 수도 있었지요.

그 뒤로 인류는 진화해 왔어요. 하지만 감정은 진화하지 않았어요. 때로는
별일 아닌데도 생사가 달린 일처럼 굴기도 해요. 시험 날이 다가오면 마치 호
랑이가 뾰족한 송곳니를 드러내며
기다리고 있는 것 같잖아요. 어쩌
다 친구를 화나게 한 뒤에는 외
톨이가 될까 봐 걱정하기도 하고
요.

다음번에 두려움이 밀려들면 송곳
니를 드러낸 호랑이가 실제로 있
는지 확인해 보세요.

## 두려워도 상자 밖으로!

친구들과 어울리지 못할까 봐 걱정만 앞설 때가 있어요. 이런 두려움에 시달리느라 누군가와 선뜻 이야기를 나누지도, 어울리지도 못할 때가 있었나요?

학교에는 대개 두셋씩 짝지어 다니거나 우르르 몰려다니는 패거리가 있어요. 그래서 학교생활이 겁나기도 하죠. 아니면 어떤 무리에도 속하지 않을 수도 있어요. 그래도 누구나 혼자가 아니에요. 한 가지 범주에 딱 맞아떨어지는 사람은 아무도 없거든요. '나'를 어떤 한 가지 존재로 단순화할 수는 없으니까요.

학교생활의 문제점은 학생 한 명 한 명을 다면적인 인간으로 여기지 않고, 틀에 박힌 하나의 상자에 집어넣는다는 거예요. 반대로, 내가 어떤 사람인지 다채로운 방식으로 스스로 탐구할 기회를 얻는다는 점은 학교생활의 장점이지요.

학교에서 어떤 문제를 겪을까 봐 두렵나요? 어떤 두려움 때문에 상자 밖으로 나갈 엄두가 나지 않나요? 상자 밖으로 나간다면, 어떤 친구와 점심을 먹고 얘기하고 싶나요? 각자 상자에서 나와 보세요. 내 주변에 누가, 무엇이 있는지 살펴보는 것도 멋지답니다.

상자에 갇혀 있기 싫어!

# 보이지 않는 선

학교에서 서로를 바라보는 눈길에는 '보이지 않는 선'도 존재해요. 뛰어난 운동선수가 수학도 잘할 때, 바둑왕이 장애물 경주도 잘할 때 믿기 어려워 하듯이 말이에요. 내가 다니는 학교에는 보이지 않는 선으로 어떤 것이 있나요? 내가 넘을 수 없다고 느끼는 보이지 않는 선에는 어떤 것이 있나요?

보이지 않는 선에 아랑곳없이 자신을 마음껏 표현하세요. 수줍음을 잘 타는 아이라고 연극 발표회에서 주인공을 맡고 싶어 하지 말라는 법은 없답니다. 보이지 않는 선 때문에 내가 하지 못할 거라 지레짐작한 일로는 뭐가 있을까요? 한 번쯤 돌이켜 볼 문제겠죠?
보이지 않는 선을 넘지 않으려고 몸을 사리는 사람도 있어요. 그래야 멋지다고 생각하죠. 하지만 보이지 않는 선을 넘으려고 애쓰는 사람이 진짜 멋진 사람이에요.

제3장

# 공부에도 요령이 있어요

걱정, 스트레스, 부정적인 믿음은 공부와 직결되는 문제예요. 머릿속이 걱정거리로 가득하면 중요한 일을 처리할 공간이 부족해지지요. 걱정과 스트레스를 없애면 공부가 쉬워지고 즐거워질 수 있어요.

참 잘했다!

   시간을 관리하고 긍정적 보상을 이용하면 공부를 식은 죽 먹기로 만들 수 있어요. 같은 방식으로 친구들과 함께 공부하면 나와 친구 모두에게 도움이 된답니다. 물론 공부할 때 떠들거나 서로 부정적인 생각을 부추겨서는 안 되겠죠!

   '숙제'라는 단어를 봤을 때 어떤 생각이 들었나요? '으악! 다음 장으로 넘겨 버릴까?'라고 생각했나요? 숙제라면 몸서리가 쳐지나요?

   그럼 한 가지 물어보죠. 숙제를 생각할 때 어떤 선글라스를 썼는지 생각해 볼래요? 숙제를 무엇으로 인식하고 있나요?

## 숙제하는 공간을 정해요

숙제를 어떻게 생각하나요? 숙제가 엄청나게 재미있다고는 말 못하겠지만, 이건 분명히 말할 수 있어요. 숙제가 싫다고 생각하는 순간, 숙제는 정말 싫어질 거라고요!

집에서 마음에 드는 공간을 공부하는 곳으로 정하고, 그 공간에서 숙제를 해 봅시다. 긍정적인 연상이 일어날 거예요. 공부 공간에 있는 동안은 제대로 공부해야 한다고 말이에요. 공부 공간에 앉자마자 뇌에 이런 말이 전해질 거예요. 이제 공부할 시간이야!

### 공부는 요만큼씩!

공부가 끝난 뒤 무엇을 할지는 공부를 시작하기 전에 미리 정해 놓아요. 친구 만나기, 공원에 산책 나가기, 맛있는 거 먹기 들이 있 겠지요.

일단 공부 공간에 앉으면 '공부 최적 시간'을 타이머로 맞춰 놓 아요. 그다음, 삑삑거리는 기기는 모두 꺼요. 휴대 전화는 소리를 죽이고 베개 밑에 묻도록 해요. 이제 타이머 스위치를 누른 뒤 공 부를 시작해요.

• '공부 최적 시간'을 타이머로 맞추라는 말은, 한 번에 몇 분 동안 공부하는 것이 내게 적합할지를 미 리 정하라는 뜻이에요. 대개 45분 공부하고 쉬는 것이 알맞다고 해요. 20분보다는 길게, 쉬는 시간 없이 한 시간 이내면 어떨까요? 시간을 몇 번쯤 다르게 잡아 공부해 보면서 내게 딱 맞는 '공부 최 적 시간'을 정해 보세요.

타이머가 울리면 휴식을 취해요. 자리에서 일어나 스트레칭을 하면서 혈액 순환이 잘되도록 몸을 풀어 주세요. 몸을 가볍게 움직여 주는 것이 좋아요. 휴식 시간에는 휴대 전화나 페이스북을 확인해도 괜찮아요. 단, 이 모든 과정은 10분을 넘기지 않도록 해요. 그런 다음 타이머를 새로 맞추고, 다시 공부를 시작해요.

하루 치 공부를 마치고 나면 미리 정해 두었던 긍정적 보상을 해 주세요. 목표한 만큼 열심히 공부해서 쟁취한 작은 보상이니 마음껏 즐겨요. 참 잘했어요!

제4장

# 시험 때문에 인생이 끝장난다고요?

다들 '시험' 자체를 걱정하는 것 같죠? 아니에요. 시험 때문에 걱정되는 건 따로 있을걸요?
여러분이 시험을 떠올리며 진짜로 걱정하는 게 뭔지 잘 생각해 보세요.

월

월의 경우를 살펴봅시다. 월은 한 주가 끝날 즈음에 시험이 있어
요. 월이 가장 먼저 떠올린 생각은 '이 시험을 망치면 내 인생도 끝
장이야!'였어요. 괴물이 부정적인 혼잣말을 불어넣고 있다는 낌새
가 보이지요?

곰곰이 따져 보면 시험을 치른다는 상황은 그리 두려운 일이 아
니에요. 아직 치지도 않은 시험의 결과가 나쁠까 봐 걱정하는 것
뿐이죠. 공부에 열중해야 할 시간에 최악의 상황을 상상하고 걱정
하느라 얼마나 많은 시간이 줄줄 새어 나가고 있나요?

## 이 시험을 망치면 내 인생도 끝장이야!

| 윌이 시험을 망칠 확률은 얼마나 될까요? | 윌의 인생은 진짜로 끝장날까요? |
|---|---|
| ❶ 시험을 망칠 거라는 근거를 따져 봅시다. | ❶ 인생이 끝장난다는 말은 무슨 뜻일까요? 시험을 망치면 실망스럽기야 하겠지만, 그렇다고 진짜로 인생이 끝날까요? |
| ❷ 근거를 찾았다면, 그 근거에서 배울 점은 무엇일까요? 이에 긍정적으로 반응하려면 어떻게 해야 할까요? | ❷ 최악의 결과로, 윌이 시험을 제대로 망쳤다 쳐요. 하늘이 무너질 만한 대재앙일까요? 혹시 재시험을 치를 수는 없을까요? 윌에게 어떤 선택지가 남아 있을까요? |
| ❸ 시험은 어려울 거라며 무턱대고 과대평가하고, 시험에 대처할 능력은 모자라다며 자신을 과소평가하고 있진 않나요? | |

미래에 다가올 일을 두고 지나치게 나쁜 결과만 상상하는 경향을 '파국화' 또는 '재앙화'라고 해요. '정확히 내 생각대로 일이 풀리지 않으면 끝장이야!'라고 생각하는 경우지요. 일이 뜻대로 풀리지 않을 때, 결국 재앙이 발생하고 말리라는 극단적인 시나리오를 짜기보다는 어떤 일이 벌어질지 예측하고 이에 대비하는 것이 바람직해요. 윌이 무턱대고 '파국화'의 시나리오를 짜고 있다는 걸 알겠지요? 혹시 자신이 그러고 있지는 않나요?

자신이 파국화의 덫에 빠진 것 같다면, 다음 질문에 답해 보세요. 두 질문에는 냉정하고 정확히 대답해야 해요. 일기를 쓰며 답해 보는 것도 도움이 될 거예요.

1 걱정하는 일이 실제로 일어날 가능성이 있나요?
2 걱정하는 일이 실제로 일어난다면 정말 파국을 맞게 될까요?

일이 내 뜻대로 안 풀릴 때도 있긴 해요. 하지만 일이 꼬였다고 다 파국으로 치닫지는 않아요. 결과가 끔찍할 거라는 공포를 버리세요. 그러면 평정심을 되찾고, 자신에게 닥친 상황에 차분히 대처할 수 있을 거예요.

## 뜻대로 일이 풀리는 상황을 그려 봐요

'파국화'는 내버리고, '긍정적인 시각화'를 해 보세요. 시험 전날 밤에 눈을 감고 숨을 깊이 들이쉬면서, 차분하고 자신감 있게 시험 치러 가는 내 모습을 상상하세요. 자리에 앉아 시험지를 받아 들고 거침없이 문제를 푸는 모습도요. 문제를 다 풀고 교실에서 자신 있게 걸어 나오는 모습을 머릿속에 그려 보세요.

긍정적 시각화는 뇌를 미리 연습시키는 것과 같아요. 다음 날 아침이 되면, 뇌는 이미 그 일을 해낸 듯이 느낄 테고, 가슴속에서는 자신감이 솟아오를 거예요.

### 겁먹지 말고 숨을 쉬어요

두려움이 밀려들어 어찌할 바를 모를 때, 마음을 진정시킬 방법이 있어요. 아주 간단해요. 숨을 쉬어요!

언제나 숨을 쉬고 있으니 "숨을 쉬어요."라는 조언이 어처구니없이 들리겠지요. 하지만 마음이 불안하고 두려움이 밀려들면 호흡이 평소보다 빠르고 얕아져요. 그러면 뇌에 공급되는 산소가 줄어들고 머리가 띵해져서 공포도 심해지지요.

언제든 두려움에 시달릴 땐 아래처럼 해 보세요.

1. 자신이 겁에 질린 상태임을 인지하세요. "자, 침착하자." 하고 자신에게 부드럽게 말하세요.

2. 코로 숨을 최대한 들이마시고 입으로 천천히 내쉬어요. 숨을 한 번 들이쉴 때마다 다섯까지 세면 좋아요.

3. 2번을 다섯 번에서 열 번까지 반복하세요. 마음이 저절로 느긋해질 거예요.

4. 호흡하는 동안 발이 바닥에 닿아 있는 걸 느끼세요. 발이 바닥에 닿아 있다는 느낌이 현실감을 잃지 않게 도와줄 거예요.

제5장

# 방과 후 활동은 꼭 챙겨요

평일 내내 학교 일에만 얽매여 있으면 안 되죠. 학생 신분이 전부는 아니니까요. 학생 신분을 벗어난 다른 부분에서도 성장해야 하고요. 다방면에서 자신의 성품을 두루두루 성장시키는 일이 정말 중요해요.

    금화 유리병을 기억하지요? 자아상을 다룰 때와 가족의 상태를 확인할 때 살펴보았죠. 사실 작은 유리병 여러 개가 모여 커다란 유리병 하나를 이루어요. 작은 유리병에는 저마다 이름표가 붙어 있고요. 유리병에 어떤 이름을 적어 넣겠어요? 유난히 금화가 적게 든 유리병이 있나요? 어떤 유리병을 더 채워야 하나요?

 • 18~20쪽에서 자기 성격을 파악해 봤죠? 방과 후 활동은 학교 밖에서 드러나는 자신의 성격을 다양하게 살펴볼 기회가 돼요.

# 학교생활이 재미없을 때

학교생활이 재미없다면 학교 밖 생활도 마찬가지일 거예요. 나쁜 순환이죠. 이때 스스로 생각을 바꿔서 나쁜 순환을 좋은 순환으로 고치도록 해요. 학교 밖 활동은 책임감을 키우고 좋은 태도를 기르며 유리병에 금화를 채울 기회랍니다. 방과 후 활동에는 스카우트 참여나 연극 활동, 운동, 미술, 합창단 참여 들이 있겠지요. 학교생활이 즐겁지 않을 때는, 학교 밖의 활동을 통해 새로운 사람을 만나고 자신을 다양한 방식으로 표현해 보세요. 긍정적인 마음을 키울수록 생활 전반에 긍정적인 태도가 스며들 거예요. 학교생활도 포함해서요!

부정적인 생각에 짓눌려 멋진 기회를 놓치지 마세요!

앞에서 그렸던 거미 다이어그램을 살펴보세요. 정신적, 신체적, 정서적, 영적, 사회적 영역의 유리병에 금화를 넣으려면 어떤 활동을 하면 좋을까요?

학교 밖 활동은 자아상을 높여 줘요. 자존감을 높이고, 안정감을 찾은 상태로 학교에 돌아오게 도와주죠. 학교 밖 활동을 늘리면 학교생활이 더 나아지는 계기가 될 수도 있어요! 그러니 마음을 열고 노력해 보세요.

## 방과 후 활동 찾기

어떤 활동이 멋진지 모르겠다고요? 지금부터라도 열심히 알아보고 찾아보세요! 기회가 저절로 굴러 오진 않아요. 한 시간 동안 컴퓨터로 검색해 보세요. 우리 동네에 어떤 활동이 있는지, 담당자, 연락처, 요일, 내 스케줄, 비용 등을 확인해요. 정보를 정리한 다음, 부모님께 보여 드리고 전화를 걸어 보세요. 기회가 저절로 생기기를 기다리지 말고, 직접 기회를 만들어요!

체스

공예   연극

운동

사진 찍기

악기 연주

댄스 스포츠

친구 그리고
친구이자 적

다른 친구들을
존중하자고.

04

# 친구 사이란?

살다 보면 친구가 가족만큼이나 중요해지는 시기가 있어요. 친구들이 나를 어떻게 생각하는지가 세상에서 가장 중요하게 느껴지지요. 하지만 정작 중요한 것은 내가 나 자신을 어떻게 생각하는지예요.

친구와 깊이 친해지는 데는 시간이 꽤 걸릴 수 있어요. 양보다는 질이 중요하다는 점을 잊지 마세요. 대충 어울리긴 해도 신뢰하지 않는 친구 열댓 명보다는 믿음직한 친구 한 명이 더 나아요. 어울려 다니는 친구 가운데 내게 기분 나쁘게 굴고, 나를 따돌리고, 내 삶을 우울하게 만드는 아이가 있다면, 그 친구와 계속 어울리려고 애쓸 가치가 없겠지요?

진정한 친구는 나를 존중하고 지지해 줘요. 스스로 비하하지 않고 자존감을 갖도록 도와주지요.

# 처음 인사를 건네기가 가장 어려워요

누구나 수줍음을 타요. 정도만 다를 뿐이지요. 그러니 수줍어해도 괜찮아요. 다만, 수줍어하느라 친구를 사귀기가 어려울 정도라면 대처 방법을 찾아야 해요.

처음엔 입을 떼기도 머뭇거려질 거예요. 하지만 겁먹고 주저하다가는 깊이 우정을 나누게 될지 모르는 친구를 놓칠 수도 있어요. 새로이 친구를 사귀면서 가장 힘든 순간이 첫 인사를 건넬 때죠. "안녕?" 하고 말하기만 하면 되는데 말이에요.

이 고비만 넘기면 점점 쉬워져요. 용기를 그러모아 새 친구에게 다가가 "안녕?" 하고 인사를 건넨다면, 가장 어려운 고비가 2초 뒤에 끝나 있을 거예요! 서먹한 느낌은 누그러질 테고, 이제 무엇이든 얘기해도 괜찮아요. 대화가 끊어지면 상대방에 대해 물어보면 돼요. 누구나 자기 얘기를 하는 걸 좋아하니까요.

## 문제가 생기면 끝까지 이야기를 나누어요

진정한 친구는 함께 있을 때 마음껏 웃을 수 있다는 점 말고도 아래처럼 좋은 면이 있어요.

- 믿고 기댈 수 있어요.
- 나를 있는 그대로 받아들여요.
- 내 행동을 섣불리 비난하지 않고 내 말을 귀 기울여 들어요.
- 비밀을 지켜 줘요.
- 내가 겪는 일에 대해 관심을 가져요.

하지만 친한 친구 사이라도 갈등이 생길 때가 있어요. 친구 사이라는 건 갈등을 피해 가는 사이가 아니에요. 갈등이 생겨도 잘 대처하는 사이지요. 가족 간에 갈등을 풀었을 때처럼, 친구 사이에서도 문제를 풀어 나아가는 데 신뢰와 소통이 핵심적인 역할을 해요. 친구에게 불만이 있다면 속에 담아 두지 말고 이야기를 나누어요. 꽁한 채로 있으면서 내가 왜 화났는지 친구가 알아주길

바라는 방식은 관계 개선에 도움이 안 돼요. 친구끼리 서로 마음을 읽어 낼 줄 알아야 한다는 생각은 친구 관계에서 저지르는 가장 큰 실수예요.

## 독심술은 그만!

독심술은 상대방이 하는 생각을 안다고 여기며 그에 따라 판단하는 걸 말해요. 양쪽이 독심술을 행하는 것은(보통은 그렇죠) 관계가 파탄 나는 지름길이에요. 양쪽 다 사실이 아닌, 어림짐작을 토대로 행동하기 때문이지요. 독심술은 진실을 알려 주지 않아요. 대화가 알려 주지요. 감정이 몹시 상한 상태에서는 입을 열기가 두려울 거예요. 앞에서 언급한 대화의 타이밍, 적극적으로 듣기, '나'를 주어로 말하기 등을 활용하면 대화를 나누기가 훨씬 쉬워질 거예요. 이제 괜한 독심술로 상대방 마음을 지레짐작으로 읽지 말고, 대화로 진실을 풀어 나가세요.

# 제2장

# 따돌림에도 해결책이 있어요

따돌림은 다른 사람을 괴롭히려고 일부러 공격적인 행동을 반복하는 것을 말해요. 신체적, 언어적, 감정적인 행동이 모두 포함되지요. 따돌림은 절대 지나쳐서는 안 될 문제예요. 단순히 놀리거나 장난치는 것과는 엄연히 달라요.

따돌림을 당하고 싶은 사람은 아무도 없어요. 하지만 불행히도 특히 학교에서 따돌림이 일어나지요. 먼저 집단 따돌림은 절대 혼자 감당하려고 해선 안 돼요. 따돌림에 대처하는 가장 좋은 방법은 무조건 그 상황을 알리는 거예요. 따돌림이 벌어지는 상황을 혼자만 알고 있지 마세요. 따돌림을 주도하는 아이는 당하는 아이의 입을 막는 방식으로 권력을 가져요. 평정심을 잃지 말고 가장 신뢰하는 사람을 찾아서 사실을 알리세요. 학교가 직접 나서서 상황을 해결하고 함께 고민해 줄 거예요.

꿀팁!

# 따돌림이 집에서 시작한다고요?

사실 형제자매가 서로를 괴롭히고, 부모가 자식을 괴롭히기도 해요. 슬프지만 사실이에요. 아이들 중 삼분의 일은 집에서 형제자매한테 괴롭힘에 시달려요. 이런 아이들이 학교에서도 따돌림당하기 십상이고요.

부모는 '애들은 싸우면서 크기 마련'이라며 상황이 심각한 줄 모를 때가 많아요. 괴롭힘이 끝없이 이어지고 형제자매가 두려워진다면, 더는 싸우면서 크는 문제로 치부할 수 없지요.
집에서 괴롭힘을 당하고 있다면 누군가에게 알려야 해요. 집에서 당하는 괴롭힘을 해결하면 학교에서 일어나는 따돌림도 기적처럼 풀릴 수 있어요.

• 가족한테 괴롭힘을 당하다니, 끔찍하지요. 그러나 가정 폭력은 분명 존재하고, 방치한다면 상황은 더욱 심각해질 수 있어요. 만약 자신이 가정 폭력에 처해 있다면 믿을 만한 사람에게 꼭 알려야 해요. 주변 사람에게 알리기 두렵다면 162쪽에 나와 있는 상담 전화를 이용해 보세요. 상담 선생님이 어떻게 해결해야 할지 도움말을 줄 거예요.

## 따돌림을 예방해요

얼마나 무섭게 보이든 따돌림을 주도하는 아이들은 비겁한 애들이에요. 자기가 이길 수 있다고 생각할 때만 싸움을 걸거든요. 그래서 대개 무리를 지어 남을 괴롭히고, 괴롭힘을 당해도 가만히 있을 것 같은 아이들만 골라서 못살게 굴지요.

89~90쪽에 나온 대로, 자신감과 자세에 대한 조언을 따르면 따돌림을 당할 확률을 줄일 수 있어요. 고개를 똑바로 들고 당당한 자세로 긍정적인 태도를 보이세요. 그러면 나쁜 아이들의 먹잇감이 될 가능성이 적어질 거예요. 자신감과 긍정적인 자아상을 가지는 것은 따돌림 퇴치제를 뿌리고 다니는 것과 마찬가지랍니다.

따돌림을 주도하는 아이들은 따돌리는 아이의 자아상을 낮추려고 해요. 협박하고 비하하는 말을 하며, 따돌림을 당하는 아이의 유리병에서 금화를 훔쳐 가지요. 하지만 따돌림을 주도하는 아이의 말 따위는 마음에 담을 필요도 없어요. 내 유리병의 금화는 꼭 지키도록 해요.

## 왜 따돌리려 할까요?

친구를 따돌리는 아이는 다음과 같은 이유가 있을지도 몰라요.

- 전에 자신이 따돌림을 당한 적이 있다.
- 집에 문제가 있다.
- 스스로 불안정하기 때문에 다른 사람을 괴롭혀서 불안감을 해소하려 한다. (남의 유리병에서 금화를 훔치면서 자기가 금화를 얻었다고 생각한다.)
- 친구들 앞에서 대단한 사람처럼 보이고 싶어 한다.
- 따돌림이 얼마나 괴로운 일인지 이해하지 못한다.
- 남을 괴롭히고 있다는 사실을 인식하지 못한다.

따돌림을 주도하는 아이마다 이유는 다르겠지만, 대개는 자기 문제를 해소하는 빌미로 남을 괴롭히는 거예요. 만약 '내'가 따돌림을 주도하고 있다면, 그 사실을 인정하는 쪽이 용감한 행동이에요. 괴롭힘을 당하는 사람이 어떤 느낌인지 알고 나면, 더는 누구도 따돌리고 싶지 않을 거예요. 달리 부정적인 감정을 해소하는 방법을 찾지 못했다면, 따돌리는 행동을 멈추기가 어렵겠죠. 그럴 땐 도움을 줄 수 있는 사람과 이야기를 나눠 보세요.

## 따돌림을 당할 때는 이렇게!

따돌림을 없앨 해결책은 찾기 쉽지 않아요. 혼자 힘으로 해결하려 들지 마세요. 상황에 가장 적합한 해결책*을 찾기 위해 다른 사람과 머리를 맞대세요. 따돌림을 멈추는 최선의 대응은 상대방을 무력하게 만드는 거예요. 상대방이 예상치 못한 뜻밖의 방식으로요.

 • 내 성격에 가장 잘 맞는 방법으로 대응하세요. 사람마다 효과적인 방법이 다르니까요.

따돌림에 대응하는 방법은 다음과 같아요.

- "그러지 마!"라고 단호히 말하고 그 자리를 벗어나요.
- 아무렇지도 않은 듯이 행동하세요. 괴롭히는 아이들의 말에 귀를 기울이거나 반응을 보이지 말고 바로 자리를 뜨세요.
- 뭔가 기발하고 재미난 방식으로 대응하세요. 어떤 방식이 좋을지 미리 생각해 두어도 좋아요.

괴롭히는 아이들이 위협하며 쫓아오면 최대한 싸움을 피하세요. 특히 패거리로 쫓아온다면 먼저 그 상황에서 벗어난 다음에 도움을 청하세요. 집단 폭력 상황에서 나를 혼자 방어해야 하는 최악의 경우는 피하세요.

- 혼자 방어해야 하는 상황이라면 방어부터 하는 게 당연해요. 하지만 급박한 상황이 지나갔다면 되도록 빨리 자리를 떠나 도움을 청하세요.
- 무술이나 호신술을 배워서 자존감을 높이는 것도 좋아요. 배운 것을 써먹지 못하더라도 자신감을 높이고 안정감을 갖는 데 도움이 될 거예요.

괴롭히는 아이들이 표적이 된 아이를 손아귀에 넣었다는 만족감을 느끼지 못하게 해야 해요. 싸움을 걸어와도 말려들지 않아야 하고요. 아무리 무섭더라도 무서워하는 티를 내면 안 돼요. 괴롭히는 아이들 앞에서 울음을 터뜨리지 않도록 주의하며, 평정심을 잃지 마세요.

학교에서 조치를 취할 수 있도록 괴롭힘을 당한 시각과 정황은 잊지 말고 꼭 기록해 두어요.


## 따돌림당한 아픔을 떨쳐요

따돌림이 나쁜 이유는 괴롭히는 아이들이 고약하게 행동했기 때문만은 아니에요. 따돌림을 받으면서 나 스스로 느끼는 감정이 부정적으로 변화한다는 점이 가장 나빠요. 따돌림은 마음속으로 파고들어 부정적인 혼잣말을 하게 부추겨요. 부정적인 혼잣말은 자존감을 떨어뜨리고 두려움과 무기력함에 시달리게 만들고요. 꼭 괴롭히는 아이가 머릿속에까지 들어앉은 것과 같지요. 그야말로 전혀 피할 곳 없는 지경에 다다른 셈이에요. 머릿속에 들어앉은 그 아이는 내가 집에 있을 때도, 안전한 침대에 누워 있을 때조차 나를 괴롭힐 수 있어요. 더없이 나쁜 상황이죠!

• 괴롭히는 아이들한테서 벗어난 뒤에는 울어도 괜찮아요. 다만 괴롭히는 아이들이 상대방을 가지고 놀았다는 만족감을 느낄 틈을 주어서는 안 돼요.

머릿속에 나를 괴롭히는 아이가 들어앉아 있나요? 부정적인 혼잣말을 불어넣는 괴물 같은 차림새로, 부정적인 생각을 더 많이 하도록 부추기고 있나요? 그렇다면 다시 괴물을 없애는 연습을 할 시간이에요. 금화 유리병을 들여다보며, 혼잣말 괴물이 조잘대는 부정적인 생각이 틀렸음을 확인하는 방법도 좋겠지요.

시간은 걸리겠지만, 자신감을 높이는 방법이 최고예요. 자신감을 높이기 위해 다음 사항을 짚어 봐요.

- 자신을 구박하지 말고 상냥하게 대해 주세요.
- 자신감을 높일 수 있는 일은 다 해 보세요. 다른 사람의 도움을 받아도 좋아요.

지금부터 해야 할 일은 유리병에 금화 채우기예요. 방과 후에 할 수 있는 활동들을 살펴보고, 정말 좋아하는 일을 시작하세요. 몸을 움직이는 활동도 꼭 해 봅시다. 괴롭히는 아이들보다 힘이 더 세지기 위해서가 아니에요. 스스로 몸이 튼튼해졌다고 느끼면, 안정감을 갖는 데 도움이 될 거예요. 유도나 태권도를 배우는 것도 좋아요. 누군가를 패 줄 일은 없겠지만, 자신을 방어하는 법은 배울 수 있을 거예요. 어쩌면 배움 자체를 즐길지도 모르죠.

제3장

# 사이버 폭력도 폭력이에요

괴롭히는 아이들을 학교에서 피하고 머릿속에서 몰아내기도 벅찬데, 이게 끝이 아니에요. 이제는 휴대 전화, 소셜 네트워크, 이메일, 인터넷 채팅, 그 밖에도 여러 곳에서 괴롭히는 아이들을 쫓아내야 해요.

사이버 폭력에서는 무엇보다도 예방이 중요해요. 그러니 사이버 공간에서 괴롭힘을 당할 가능성을 최대한 차단시켜야 해요. 아래 사항은 상식이지만, 허투루 여기지 말고 실천에 옮겨 봅시다.

## 1. 내 디지털 기기의 사용법을 익혀 두어요.

- 내가 가진 기기가 어떻게 설정되어 있는지 이해하고 능숙하게 다룰 줄 알아야 해요.
- 비밀번호를 안전하게 관리해요. 부모님 말고는 누구에게도 알리지 마세요.

2. 전화번호, 주소, 이메일 주소 같은 개인 정보는 공개하지 마세요. 내가 잘 알고 신뢰하는 사람에게만 알리세요.

- 공개하지 말아야 개인 정보가 또 있는지 생각해 보세요.

3. 소셜 네트워크에서는 아는 사람하고만 교류하세요.

- 새로운 친구를 만나고 싶다면, 적어도 새로운 그 친구가 내가 잘 아는 친구와 현실에서 서로 아는 사이인지 확인해요.

4. 문자, 사진, 정보 등 내가 보내는 것은 무엇이든지 마우스 클릭 몇 번으로 복제되고 배포될 수 있다는 점을 잊지 마세요.

5. 출처를 알 수 없는 추잡한 문자나 메일을 받으면 어른에게 알리세요.

사이버 폭력을 당한다면 다음을 명심하세요.

1 어른에게 이야기하기
2 사이버 폭력이 이뤄지고 있는 플랫폼 제공사와 함께 대처 방법 찾기
3 내 마음속 반응을 살피고 상태에 따라 대처하기

사이버 폭력은 인터넷상으로도 이루어져요. 네이버나 카카오톡, 아프리카 티비 등에 내 명예를 훼손하는 글이 올라왔다면 한국인터넷자율정책기구로 문의하세요. 해당 게시물의 게시를 중지하는 조치를 취해 줄 거예요. 나를 비방하는 영상이나 자료가 유튜브나 페이스북에 올라왔다면, 유튜브나 페이스북에 신고하거나 사이버수사대에 직접 고발하는 방법도 있답니다. 카카오톡 역시 대화 내용을 캡처해 둔다면 사이버수사대에 고발할 수 있어요.

사이버 공간에서 이상한 내용을 접하면 기분이 더러워지더라도, 캡처를 하거나 파일로 저장하여 증거로 남겨 둘 필요가 있어요. 그런 내용을 올린 사람에게 불리한 증거로 활용할 수 있거든요. 하지만 그런 파일은 단지 증거로 쓰기 위해 보관하는 거예요. 자꾸 들여다보지 말고, 필요할 때에만 활용하세요.

무엇보다 사이버 폭력이 불법이라는 점을 잊지 마세요. 온라인상에서 또는 다른 디지털 기기로 괴롭힘을 당한다면 언제든 경찰에 신고할 수 있어요. 증거를 모아 두면 경찰이 사건을 처리하는데 도움이 될 거예요. 단, 이때 반드시 가족의 도움을 받으세요. 절대 혼자 하지는 마세요. 어쩌면 전화번호, 메일 주소 등 개인 정보를 바꿔 새 출발을 해야 하는 경우가 생길지도 몰라요. 깨끗한 바탕에서 새로 시작할 때에는, 같은 일이 다시 일어나지 않도록 앞에 나온 예방책을 꼭 활용하세요.

# 제4장

# 친구가 아니라 연인이 되고 싶어요

친구 사이만 해도 복잡한데, 연인 사이는 더욱 혼란스러울 수 있어요. 다행히 연인 사이는 서로 혼란스러울 테니, 같은 배를 탄 셈이겠죠?

## 그 애가 나를 좋아하는지 어떻게 알죠?

상대방을 꼬시는 것도 기술이 필요해요. 제대로 꼬시려면 시간이 걸릴 수도 있고요. 꼬신다는 것은 서로에게 신호를 보내서, 둘다 관계를 진전시키고 싶어 한다면 사귀기로 하는 거예요. 신호는 미묘할 수 있으니 눈과 귀를 활짝 열어 두세요! 상대방을 제대로 꼬시고 있는지 확인하려면 다음 질문에 답해 보세요.

 • 온라인상에서는 이런 분위기를 타기가 쉽지 않아요. 상대방이 누군지 정확히 알 수도 없지요. 그러니 온라인상에서 메시지로만 사귀는 일은 피하도록 하세요.

- 눈을 마주치는 일이 잦나요? 눈이 마주쳤을 때 '둘 다' 마음이 설레나요?
- 농담을 하면 잘 웃어 주나요? 농담이 재미있지 않을 때도요?
- 몸짓을 보건대 더 가까워지고 싶어 하나요, 더 멀어지고 싶어 하나요?
- 같이 오래 있으려고 핑곗거리를 만드나요, 자리에서 벗어나려 하나요?
- 대화가 자연스럽게 이어지나요, 불편한 침묵에 잠기나요?

## 우정이 사랑으로 변하기도 해요

사이좋은 친구끼리 사랑에 빠지는 경우는 흔해요. 하지만 친한 친구 사이라도 친구에서 연인으로 발전하기 두려울 수 있지요. 한쪽은 상대방에게 반했는데, 상대방은 그저 친구로 지내고 싶어 하는 불편한 관계가 될지도 모르거든요.

내가 상대방을 좋아하는 입장이라면, 앞에서 제시한 신호에 신경을 곤두세워 상대방도 같은 감정인지 알아볼 때예요. 상황이 내 생각대로 나아간다면 연인으로 발전하고 싶다고 상대방에게 말해도 괜찮겠죠. 반대 경우라면, 더 열심히 노력해서 상대방과 진지한 대화를 나눌지 아니면 조심스레 물러날지를 결정하세요. 일이 잘 풀렸다면 다행이에요. 하지만 연인으로 발전하지 못했다고 좋은 친구를 영영 잃는 건 아니에요. 정말 좋은 친구는 '이해할' 거예요. 당연히 한동안은 어색하겠지만 머지않아 제자리로 돌아올 거랍니다.

친구는 내게 반했지만, 나는 친구 이상으로 느껴지지 않을 때도 있겠죠? 그럴 때는 친구를 세심하게 대하며 존중해 주세요. 다정

하게 말해 주고요. 누군가가 나를 좋아하는 건 으쓱해할 수 있는 일이지만, 상대를 창피 주거나 이상하게 여길 일은 아니에요. 그러니 조심스럽게 거절하도록 해요.

## 거절당하면 어떡하지요?

누구나 거절당할까 봐 지독히 두려워해요. '사귀자고 했는데 거절당하면 이 세상도 끝이야!'라고 걱정하지요. 거절당하는 상황이 아무렇지도 않다고 거짓말하지는 않겠어요. 마음 아프지 않을 수가 없지요. 하지만 지레 겁먹고 상대방이 "좋아."라고 말할지도 모르는데 묻지도 못하는 사람들이 많지요. 거부당할지 모른다는 두려움은 극복해야 해요. 두려움에 휘말려 버리면 자신에게 기회조차 주지 않는 셈이 되니까요.

데이트 신청은 도박과 비슷해요. 그저 승산이 있기를 바랄 뿐이에요. 이 책의 내용을 익혀 두면 데이트 신청에 성공할 가능성이 높아지긴 하겠지요. 하지만 가장 확실한 방법은 '일단 물어보기'예요! 묻기부터 해야 "좋아."라는 대답을 들을 확률도 높아지지요.

## 당장 연애하지 않아도 괜찮아요

이성 친구가 있다면 멋지겠지만, 먼저 준비가 되어 있어야 해요. 연애를 하려고 너무 애쓰거나, 반드시 연애를 해야 한다고 생각하지는 마세요.

# 제5장

# 내가 끌리는 사람은?

내가 누구이고 자신을 스스로 어떻게 느끼는지는 두 가지 중요한 요소를 바탕으로 해요. 바로 성적 지향성과 젠더지요.

성적 지향성은 어떤 사람에게 끌리는지, 누구를 껴안고 키스하고 어루만지고 싶은지를 나타내요. 이성애, 동성애, 양성애, 무성애 등의 성향이 있어요. 남자로 태어났는지 여자로 태어났는지와 상관없이, 자신이 어떤 성향을 지녔는지 인지했다면 성 정체성을 가진 거예요.

젠더는 사회 문화적으로 통상 '여자답다', '남자답다'라고 일컫는 것을 말해요. 남자라면 또는 여자라면 응당 어떠하겠다고 기대하는 점들이 있어요. 하지만 어느 쪽이든, 어떤 행동이 남자로서 또는 여자로서 옳고 그르다고 말할 수 없지요.

세상은 '어떠해야 한다.'는 고정 관념으로 가득해요. 하지만 상자에 사람을 맞출 수 없듯이, 사람은 어떤 틀에 맞춰 살아가는 존재가 아니랍니다.

젠더에 대한 고정 관념은 다음과 같아요.

- 여자애는 여성적이다. 분홍색과 쇼핑을 좋아하고, 스포츠를 싫어한다.
- 남자애는 남성적이다. 파란색을 좋아하고, 스포츠에 푹 빠져 있고, 거칠다.
- 여자애는 여자답게 행동해야 하고, 남자애는 남자답게 행동해야 한다.

위에 해당하는 남자애나 여자애도 있긴 있겠죠. 문제는 모두에게 해당되는 말이 아니라는 거예요. 취향은 제각각이니까요. '남자들의 일'에 관심 하나 두지 않는 남자애가 있는가 하면, '여자들의 일'이라면 지긋지긋해하는 여자애도 있어요. 성적 지향성을 두고, 사람들을 함부로 재단해서는 안 돼요. 여자와 남자가 서로 좋아하는 경우가 많긴 하지만, 여자를 좋아하는 여자도 있고, 남자를 좋아하는 남

자, 성별에 상관없이 좋아하는 사람, 아예 성적인 관심이 없는 사람도 있거든요.

상대방이 보이는 행동이나 젠더를 표현하는 방식만 보고, 상대방의 성적 지향성을 구별할 수는 없어요. 그것 또한 고정 관념이지요. 자신의 젠더나 성적 지향성에 확신하는 사람이 있는 반면, 하나의 꼬리표를 고수하고 싶어 하지 않는 사람도 있어요. 앞으로 어떻게 될지 살펴보겠다는 마음이지요. 자신에게 꼬리표를 서둘러 붙일 이유는 없어요. 하지만 어떤 사람들은 꼬리표가 빨리 붙기를 바라기도 해요. 자신과 성향이 같은 사람을 찾기 위해서지요. 꼬리표는 다음과 같아요.

**레즈비언**
여자를 좋아하는 여자

**게이**
남자를 좋아하는 남자

**이성애자**
여자를 좋아하는 남자
또는 남자를 좋아하는 여자

**퀴어**
성 정체성이 유동적이라 느껴져서
어느 한 쪽으로 속박당하고 싶어
하지 않는 사람

**무성애자**
다른 사람에게 성적 매력을
느끼지 않는 사람

**양성애자**
여자와 남자를
다 좋아하는 사람

👍 • 모든 사람이 생물학적으로 남자 또는 여자로 태어나진 않아요. 남성과 여성의 측면을 모두 가진 사람을 '간성'이라고 해요.

## 트랜스젠더

트랜스젠더는 사회적 성과 생물학적 성이 다른 사람을 말해요. 몸은 남자인데 스스로 여자 같다고 느끼거나, 여자로 태어나 자신이 남자 같다고 느끼는 경우예요. 자신이 남자와 여자 사이에 있다고 느끼거나, 남자도 여자도 아닌 듯이 느끼기도 해요.

생물학적 성과 다르게 느낀다고 해서 성적 지향성도 따라서 바뀌지는 않아요. 트랜스젠더는 이성애자, 동성애자, 양성애자, 퀴어 또는 무성애자일 수 있어요.

## 자신을 부끄러워하지 마세요

가족, 문화, 종교, 사는 곳에 따라, 고정 관념에서 벗어나는 성 정체성을 드러내기가 어려울 수도 혹은 더 쉬울 수도 있어요. 불행히도 괴롭힘을 당하거나 심지어는 집에서 쫓겨날까 봐 자신의 성 정체성을 숨기는 사람이 많아요.

스스로 준비되었다고 느끼기 전까지, 꼬리표를 선택하거나 모두에게 공표할 필요는 없어요. 하지만 내 성 정체성은 어떤지 진지하게 생각해 보고, 자신의 모습을 부끄러워하지 않도록 해요. 가능하다면 내 감정을 지지해 줄 사람을 찾으세요. 신뢰할 수 있는 사람과 이야기를 나누고요. 또는 163쪽에 나온 관련 기관에 도움을 청하세요.

자신이 통상적인 성향에 들어맞지 않는다면 삶이 힘들어질 수 있어요. 공평하지 않은 일이겠지만, 불행히도 그런 일이 일어난답니다. 이럴 때일수록 나를 비난하는 사람들이 머릿속에 들어앉지 못하게 해야 해요. 나를 비난하는 사람들 때문에 스스로를 부끄럽게 여겨선 안 되지요. 혹시 그런 사람들이 나를 힘들게 한다면, 앞에서 따돌림을 다룬 부분을 확인한 뒤 도움을 청하세요. 성 정체성 문제는 누구의 것도 아닌 내 문제예요. 다른 사람들 때문에 내게 맞지도 않는 상자에 몸을 구겨 넣지 마세요.

## 차차 나아질 거예요

내 성 정체성이 주변 사람과 다르다면 혼란스럽겠죠. 그러나 혼란스럽던 시기가 지나면 차차 나아질 거예요. 163쪽의 관련 기관을 확인해 보고, 사람들이 자신의 성 정체성을 찾기 위해 어떤 경로를 거쳤는지 살펴보세요. 성 정체성 때문에 고민하는 친구가 있다면 먼저 다가가 손을 내밀어 주세요. 좋은 친구로서 귀 기울여 주고, 친구에게 힘을 실어 주세요.

# 커밍아웃

성 정체성을 고민하는 시기에는 갖가지 변화와 감정을 겪어요. 내가 어떤 사람인지 뭔가 대단한 결정을 내릴 필요는 없어요. 어떤 남자애나 여자애와 좀 놀았다고 스스로 게이나 레즈비언이라고 생각할지 모르겠지만, 사실은 아니에요. 자신이 원하지 않는다면 어떤 꼬리표도 붙이지 않아도 된답니다. 자신이 준비되었다고 느끼기 전까지, 누구한테도 말하지 않아도 돼요.

성 정체성을 빨리 깨달은 경우도 있겠지요. 그렇다면 가족이나 친구에게 커밍아웃 하고 싶을 때가 올지도 몰라요. 그런 순간을 위해, 다음을 기억해 두세요.

커밍아웃을 할까 말까 고민 중이야.

1. 가장 믿음이 가는 사람에게 첫 번째로 얘기해요. 다른 사람에게도 알리고 싶다면 반드시 가장 믿는 사람의 지지를 받을 수 있도록 하세요.
2. 가족에게 얘기할 때는 반드시 적절한 시간과 장소를 택하세요(타이밍에 대해서는 62쪽을 보세요).
3. 나는 내 상태를 시간을 들여서 알아 왔어요. 그만큼 가족에게는 놀라운 소식일 수 있음을 명심해요. 가족이 받아들일 시간을 주세요. 가족이 여러 질문을 할 수도 있어요.
4. 가족이 내 성 정체성을 받아들이지 못하는 경우, 안전하게 의논할 수 있는 사람을 찾아 두세요.
5. 누구와 이야기를 나눌지 신중히 정하세요. 소문은 빠르게 퍼지니, 내가 완벽히 준비된 상태인지 확실히 해 두세요.
6. 자신에게 자긍심을 가져요. 커밍아웃은 용감한 일이에요.

제6장

# 성관계가 궁금해요

성 문제만큼 걱정스러운 문젯거리도 없어요. 시원스레 꺼내 놓고 이야기를 나누기가 어려울
뿐더러, 성관계와 관련하여 근거 없는 말만 나돌기 때문이에요.

모든 일이 그러하듯, 성관계 또한 알면 알수록 미스터리는 줄어
들고 걱정거리도 사라져요. 성 문제는 제대로 된 출처에서 올바른
정보를 얻는 것에서 출발해야 해요. "친구들이 그렇다더라." 하는
밑도 끝도 없는 이야기나, 미성년자에게 금지된 웹사이트에서 본
것은 정보라고 할 수 없어요. 가장 훌륭한 정보원은 여러분이 믿
을 수 있는 어른, '문제가 생겼을 때 이야기를 털어놓을 수 있는 사
람' 명단에 있는 어른이에요.

성 문제에 있어서 꼭 알아야 할 점은, 성욕을 부끄럽게 느낄 필

요가 없다는 거예요. 성욕은 누구나 느껴요. 특히 사춘기 때 강하게 느낄 수 있어요. 사춘기에 접어들면 자기 몸에서 일어나는 변화에 궁금증이 일기 마련이에요. 다시 말해, 성적인 꿈을 꾸거나 공상에 젖을 때도 있을 테고요. 자위를 하거나, 다른 사람들과 이런저런 실험을 할 수도 있겠지요. 이런 일 모두 자연스러운 현상이에요. 다만 그런 과정을 거치면서 자신을 위해 최선의 결정을 내리고 있는지 확인할 필요가 있어요.

## 내가 준비되어 있는지 어떻게 알까요?

성적으로 준비되는 시기는 사람마다 달라요. 하지만 성관계를 맺기 좋은 때와 나쁜 때는 누구나 똑같답니다. 좋은 때는 다음과 같아요.

- 자신이 준비되어 있다고 느끼고 둘 다 원할 때
- 같이 있는 사람을 사랑하고 신뢰할 때
- 성관계에 대해 진지하게 생각했고, 같이 이야기를 나누었을 때
- 내키지 않을 때는 "싫어."라고 말할 수 있을 때
- 성관계에 따르는 결과를 폭넓게 고려했고, 안전 문제를 숙지했을 때 (162~163쪽의 관련기관을 참고하세요.)

👍 ·'성적'이라는 말은 키스에서 성관계까지 폭넓게 쓴 말이에요.

나쁜 때는 다음과 같아요.

* 다른 사람이 한다고 덩달아 해야 한다고 생각할 때
* 성관계를 해야 한다는 압박감이 들 때
* 성관계를 하지 않으면 차일 것 같을 때
* "싫어"라고 말할 수 없을 때

## 춤출 때도 둘이 같이 춰야죠

성관계는 서로 신뢰하고 존중할 때 가장 좋아요. 어느 한쪽이 불편해하거나 압박감을 느끼면 곧바로 두 사람 모두 좋은 느낌이 줄어들어요. 압박감을 느끼는 사람한테는 두려움마저 몰려들죠. 둘 다 괜찮은지 꼭 확인해야 해요.

성관계가 이야기를 꺼내기 힘든 주제라 해도, 관계하는 상대방과는 반드시 터놓고 이야기해야 해요. "이제 그만하자." 또는 "그렇게 하니 불편해."라고 말할 수 있어야 해요. "이렇게 해도 돼?"라든지, "지금 괜찮아?"라고 묻는 것도 중요해요.

서로 관계가 깊어지기까지 필요한 사항이 파악되지 않았다면, 누구와도 신체 접촉을 시작하지 마세요. 자신이 원하지 않을 때는 "싫어."라고 당당히 말하세요.

## 상대방이 동의하지 않으면 불법이에요

어떤 식으로든, 상대방이 동의하지 않은 성관계는 해를 끼치는 일이에요. 상대방을 존중하지 않는 행동일 뿐 아니라 불법이에요. 누군가 "싫어."라고 말하면 그 전에 어떤 일이 있었든지 간에 성관계에 동의하지 않은 거예요.

영국에서는 성관계에 합의할 수 있는 나이가 만 16세예요. 만 16세 이하와 성관계를 맺는 것은 불법이지요. 성적으로 준비되는 나이는 사람마다 다르더라도, 최대한 많은 사람들을 보호하자는 것이 이 법의 취지예요.

# 제7장

# 누구와 있든 나답게 행동해요

"너답게 행동해"라는 말을 종종 듣지요? 하지만 주변 사람들이 누구누구처럼 굴라는 말을 들으면 나다워지기 힘들어져요.

사람마다 나에 대해 거는 기대는 달라요. 가족도 마찬가지예요. 아빠와 엄마부터 선생님, 친구 또는 집에서 키우는 개까지, 내게 바라는 바가 모두 다르죠. 혼란스럽겠지만, 그럴 때일수록 '나'다워져야 해요.

나답게 행동하면서 나랑 가까운 사람들의 요구에 일일이 응하기란 쉽지 않아요. 주변 사람이 내게 무엇을 바라는지 기억하는 것도 중요하지만, 내가 행복해지기 위해 무엇이 필요한지도 알아두어야 해요.

# 자기주장

자기 뜻을 요구하여 관철시키거나, 무시당하며 살거나. 삶에는 이 두 가지 방식만 있을까요? 꼭 둘 중 하나여야 한다는 법은 없어요. '자기주장'이라는 게 있거든요.

자기주장이란, 다른 사람을 존중하면서도 내 생각과 요구를 당당히 밝히는 거예요. 자기주장은 자신에 대한 확신을 바탕으로 해요. 친구 관계, 연인 관계에서 그리고 남을 괴롭히는 아이들과 맞설 때 도움이 될 거예요.

자기주장에서 중요한 점은 "싫어."라고 말하는 기술이에요. 뭔가 내게 맞지 않는다고 느낀다면 압박감이 느껴지더라도 "미안하지만, 난 싫어."라고 말해도 돼요. 이렇게 말해도 먹히지 않으면, 짧고 간단하게 다시 말해요. "싫다고 했잖아."

하지만 자기주장은 내가 바라는 것을 똑똑히 밝히라는 말이지, 고집을 피우라는 건 아니랍니다.

## 또래 압력에 대처해요

내가 싫어하는 일을 하길 바라는 사람들이 주위에 많다면, 자기주장을 내세우기도 어려워요. 특히 다음과 같은 압력에 대처하기란 쉽지 않아요.

- "너도 같이 담배 피자."
- "여자라면 몸이 말라야지." 또는 "남자라면 근육이 있어야지."
- "술 마시러 갈 건데, 너도 갈래?"
- "난 쟤 싫어. 그러니까 너도 쟤랑 어울리지 마."
- "공부 재미없다. 우리 나가서 놀자."
- "그 프로그램 봤어? 새로 나온 게임은?"
- "옷이 그게 뭐냐. 완전 구리다, 너."
- "헐, 그것도 못 먹어?"

다수가 한 개인을 순응하게 만드는 힘은 대단해요. 하지만 그 힘에 굴복하면, 세상 사람들은 붕어빵처럼 똑같아질 거예요. '잘 어울리기' 위해 어떻게 행동해야 할지 걱정되나요? 저마다 속한 모임이나 패거리의 리더 또는 인기 있는 아이들을 살펴보며 처신 방법을 알아내고 있는지도 모르겠네요. 혹은 어떤 모임의 리더이면서, 싫은 일을 해야 한다는 압박감에 시달리고 있을지도 모르죠!

모임의 일원이 되는 것은 괜찮아요. 하지만 싫은 일을 억지로 해야 하는 모임이라면 있으나 마나예요. 그런 일이 벌어지면 당당히 자기주장을 해야 해요.

**나를 자유롭게 표현해 보기**

차림새, 행동거지 등 아무런 제한이 없다고 상상해 봐요. 어떨까요?
아무런 제한을 받지 않은 내 모습을 마음 가는 대로 종이에 그려 보세요. 입고
싶은 옷, 하고 싶은 머리 모양, 하고 싶은 일을 표현해 봐요.
미친 척하고, 하고 싶은 데까지 표현해 보세요! 실제 그런 모습으로 돌아다닐 마
음이야 없겠지만, 나를 어떻게 표현하고 싶어 하는지 가늠이 될 거예요.

# 첨단기기를 누리며 살아가기

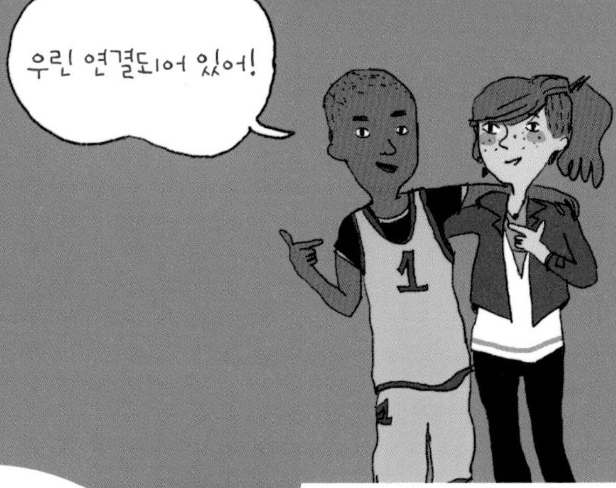


# 05

제1장

# 전 세계가 연결되어 있어요

현대의 삶에서는 각종 기기에 접속해야 하는 경우가 허다해요. 하지만 따지고 보면 우리가
접속하는 건 기기가 아니라 인간관계지요. 트위터, 페이스북에서 하는 게 다 뭔가요? 채팅을
하거나 댓글을 달고, 문자를 주고받는 건 또 뭐고요? 게임도 전 세계의 게이머들과 함께하고
있는 건지 모르죠!

현대 기술이 우리 생활을 지배한다고 해도, 가장 중요한 것은
인간관계예요. 또 기기 덕분에 여러 가지 일을 동시에 할 수 있다
고 해도, 한 번에 한 가지 일에 집중할 때 일이 더 잘 풀려요. 그래
야 더 차분해지기도 하고요.

숙제나 공부를 할 때 기기를 어떻게 관리해야 하는지 앞에서
살펴봤어요. 그 밖의 시간에는 기기로 인해 어떤 영향을 받고 있
나요? 혹시 기기 때문에 인간관계가 방해받진 않나요?

## 디지털 기기를 쓸 때도 예의를 지켜요

만약 내가 상대방에게 말을 건네고 있는데, 상대방이 고개를 돌려 옆 사람하고 이야기를 시작한다면 기분이 어떻겠어요? 친구와 가족과 이야기를 하는 중에 휴대 전화를 꺼내 문자를 확인하는 행동도 이와 똑같아요.

디지털 기기를 사용할 때 지켜야 할 첫 번째 규칙은 '지금 눈앞에 있는 사람을 우선으로 둔다.'예요. 가족과 친구 앞에서도 이 규칙을 명확히 지키세요. 다른 사람과 있을 때는 기기가 아니라 상대방과 함께 시간을 보내요. 인간관계를 돈독히 하는 데 도움이 되고, 덩달아 스트레스도 줄어들 거예요.

## 기기에서 해방되자고요

가족과 친구가 현대 기기를 사용하면서 예의를 지키지 않는다면 어떤 생각이 들까요? 상대방이 내게 주의를 기울이지 않는다거나, 내 말에 귀 기울이지 않는 듯이 느껴지겠지요. 내가 온통 기기

에 정신이 팔려 상대방을 건성으로 대한다면, 상대방도 언짢게 느낄 거예요. 이런 상황은 부모님께도 해당된답니다. 혹시 부모님이 나에게 집중해 주시지 않는다면, 부모님께 휴대 전화를 내려놓고 서로에게 주의를 기울이자고 말씀드려 보세요.

'디지털 기기 금지 구역'도 정해 보세요. 가족과 함께 탄 차 안이나, 저녁 먹으러 식탁에 둘러앉은 부엌 같은 곳 말이에요. 기기에서 벗어나면, 서로 같이 보낼 수 있는 시간이 넉넉하게 느껴질 거예요.

## 바닥에서 하는 요가

각종 디지털 기기에 오랫동안 빠져 있다 보면, 머리가 멍해질 때가 있어요. 이럴 때는 바닥에 드러누워 봐요. 기기를 사용하느라 피로해진 우리 몸에 해독제 역할을 해 주거든요. 특히 요가를 하면 몸의 중심을 잡고 안정감을 갖는 데에 도움이 돼요. 그러니 디지털 기기는 잠시 밀어 두세요. 나만의 명상 공간으로 가서 아래와 같이 요가를 해 보세요.

1. 신발을 벗어요. 바닥에 놓인 발에 주의를 집중하면서 가만히 서 보세요. 단단한 바닥이 발에서부터 다리를 거쳐 무릎, 척추를 지나 머리에 이르기까지 어떻게 느껴지는지 의식해 봐요.

2. 숨을 깊이 쉬며 선 채로 발아래에 있는 단단한 바닥을 느껴요.

3. 그다음, 무릎부터 몸의 나머지 부분까지 천천히 힘을 빼며 바닥에 천천히 앉아요. 바닥에 앉은 뒤에는 다시 천천히 누워요. 몸이 바닥에 닿을 때 몸의 각 부분이 어떻게 느껴지는지 주의를 기울여요.

4. 몸 전체가 바닥에 닿고 나면, 단단한 바닥과 몸이 닿은 부분에 주의를 기울이면서 어떤 느낌인지 인식해 봐요.

5. 바닥에 닿은 상태로, 깊게 숨을 쉬면서 한동안 가만히 쉬어요.

6. 날이 따뜻하고 맑을 때 바깥의 풀밭에서 해 보세요. 혹시 기회가 닿는다면 바닷가 모래밭에서도 해 보세요. 그러면 발아래의 땅을 더욱 가깝게 느낄 수 있어요.

# 제2장

# 온라인상에서도 규칙을 지켜요

소셜 네트워크는 친구와 소통할 때 우리가 숨 쉬는 공기와 같아요. 소셜 네트워크 덕분에 하루 24시간, 일주일 내내 친구와 연락할 수 있고, 심지어 멀리 이사 간 친구들과도 온갖 일에 대해 얘기를 나눌 수 있으니까요. 소셜 네트워크는 말 그대로 나와 다른 사람들을 연결시켜 주지요.

    소셜 네트워크를 이용할 때는 어떤 소식을 누구와 공유할지 주의해야 해요. 한번 온라인에 올라간 소식은 어느 곳에든 쉽게 퍼지고 복제될 수 있어요. 온라인에 글을 올리기는 쉽지만 내리기는 쉽지 않아요. 경험에 비추어 적자면, 할머니에게 보여 주지 못할 내용은 올리지 마세요. 그리고 개인적으로 친구나 아는 사람에게 보내는 내용조차 안전하지 않을 수 있다는 점을 잊지 마세요.

👍 • 온라인상에서 내 정보를 어떻게 보호할지는 122~124쪽을 참고하세요.

# 인터넷 중독

중독이라는 말이 심각하게 들리지요? 온라인상에서 끝도 없이 시간을 보내고 있다면 인터넷 중독일 수 있어요. 중독이라면 더욱 해결책을 찾아야지요. 다음 경우에 해당된다면 반드시 적절한 조치를 취해야 해요. 다음 질문에 솔직히 답해 보면, 내가 온라인상에서 얼마큼 시간을 보내는지 쉽게 파악될 거예요.

1. 자정이 지나도록 인터넷 서핑 또는 게임을 하느라 잠이 모자라나요?
2. 인터넷에 접속하고 있지 않을 때면, 인터넷을 해야겠다는 생각이 드나요?
3. 인터넷에 접속하지 못하면 초조해지나요?
4. 온라인상에서 시간을 보내느라 학교생활이나 스포츠, 또는 다른 활동에서 어려움을 겪나요?
5. 온라인상에서 시간을 보내느라 친구나 가족과 보낼 시간이 부족하나요?
6. 온라인에 머무는 시간이 의도했던 것보다 길어지는 경우가 잦나요?
7. 인터넷을 얼마나 오래 했는지 거짓말한 적이 있나요?

위 질문에 "예."라고 답한 항목이 많다면, 디지털 기기를 사용하는 습관을 되돌아봐야 해요. 사용 시간을 줄이기 위해서 도움을 받아야 할 때지요. 한두 가지 항목에만 "예."라고 답했더라도, 평소 습관을 돌이키면서 사용 시간을 줄이려고 노력해 보세요.

## 꼭 지켜야 할 온라인 규칙

친구와 지내면서 굳이 말하지 않아도 서로 지키는 '규칙'이 있지요? 다른 사람 앞에서 친구를 무안하게 만들지 않기, 친구에게 심술궂게 굴지 않기, 뒤에서 친구를 험담하지 않기, 친구의 비밀을 함부로 공개하지 않기 들이 있지요.

소셜 네트워크에도 비슷한 규칙이 있어요. 하지만 각자 자기만의 공간에서 소셜 네트워크를 이용하다 보면, 규칙을 깜빡하기 쉽지요. 온라인상에서 규칙을 지키지 않는다면, 실생활에서 지키지 않았을 때보다 결과가 더 나쁠 수 있어요. 누구나 들여다보는 온라인상에 내가 저지른 실수가 버젓이 올라와 있을 테니까요!

### 지켜야 할 일

- 다른 사람을 존중하기
- 온라인상에 올리는 내용은 누구나 볼 수 있다는 사실을 인지하기
- 누군가 삭제를 요구한다면 올린 내용 지우기
- 나를 있는 그대로 표현하더라도, 사적인 내용과 온라인상에 남는 흔적에 주의하기

### 피해야 할 일

- 친구가 난처해 할 사진 올리기(판단하기 어렵다면 친구에게 먼저 물어봐요)
- 누군가 소외감을 느끼거나 창피해 하거나 속상해할 내용을 고의적으로 올리기
- 사람들이 공개하고 싶어 하지 않을 만한 정보 올리기
- 사적인 문자 메시지를 복사해서 퍼뜨리기
- 사이버 폭력에 가담하기

이 밖에, '지켜야 할 일'과 '피해야 할 일'의 목록을 친구와 함께 만들어도 좋아요.

## 온라인상의 그림자

온라인상에 올리는 것은 무엇이든 영원히 남을지 몰라요. 올린 내용을 뒤늦게 내리더라도 누군가 그 화면을 캡처했을 수도 있어요. 당장은 신경 쓰이지 않는 내용도 몇 년 뒤에는 신경 쓰일지 모른다는 사실을 꼭 명심하세요. 미래에 우리가 취직할 회사의 사장님이 '그런' 사진을 봐도 괜찮겠어요? 적당히 즐기되 주의하고 또 조심하세요.

내가 온라인상에 남긴 흔적은
그림자처럼 날 따라다녀요.

이 책<sub>을</sub>

끝내며

00

# 제 1 장

# 넘어졌으니 일어나야죠

장애물 경주를 할 때, 중간에 타이어 같은 장애물이 나타나리라고 미리 예상하고 달리지요? 100미터쯤 달리다가 말고, '가만, 왜 타이어가 여기 있지?' 하고 생각하지는 않잖아요. 장애물 경주에서는 당연히 여러 장애물을 넘어야 하니까요.

타이어는 갈 길을 방해하려고 놓인 게 아니에요. 타이어가 있기 때문에 장애물 경주가 더 재미있어지지요. 삶도 장애물 경주 같아요. 목표를 향해 길을 떠났다면 여러 장애물을 만날 각오를 해 두세요. 타이어뿐만 아니라 타고 올라가야 할 벽, 엉금엉금 기어서 통과해야 할 터널, 질척질척한 진창길도 있을 거라고요. 이러한 시험대는 앞길을 가로막는 방해물이 아니에요. 우리가 삶이라 부르는 장애물 경주의 일부일 뿐이에요. 삶의 난관을 방해물이 아닌, 시험대로 여기도록 해요.

## 실패가 성공으로 가는 길이라고요?

'실패'는 나쁜 뜻이지요. 성공하지 못했다는 뜻이니까요. 그런데 어떻게 실패가 성공으로 가는 길이냐고요? 운동선수나 배우, 사업가 등 존경하는 사람을 떠올려 보세요. 아마 성공하기 전에 저마다 실패하는 과정을 겪었을 거예요. 실패를 삶의 일부로 받아들인 거죠. 실패를 피하기만 하는 건 성공으로 향하는 지름길이 아니랍니다.

스키 선수가 되고 싶은데 스키 타다 넘어지는 일이 없다면 충분히 도전하지 않은 거예요. 올림픽에 출전할 수 있을 리가 없죠. 하지만 스키를 타면서 실컷 넘어지고 있다면, 내 능력 끝까지 노력하는 중이고 넘어질 때마다 실력이 늘고 있다는 뜻이에요.

실패는 그리 나쁜 일이 아니에요. 실패를 '끝'이라고만 생각한다면 '파국화'를 맞이한 것과 같아요. 결코 바람직하지 않다는 걸 앞에서 살펴봤잖아요.

그럼, 실패를 기회로 여기려면 어떻게 해야 할까요?

## 목표를 달성해요

목표를 정했나요? 아마도 대학에 간다든지, 최고의 요리사가 된다든지, 스포츠 기록을 깬다든지, 어렴풋한 생각은 하고 있겠죠. 내가 원하는 것을 또렷이 알면 알수록 목표를 이룰 확률은 높아져요. 아래 질문을 따라가 보세요. 목표를 더 작은 단위로 쪼개는 것이 목표를 달성하는 데 도움이 될 거예요.

내 목표는 무엇일까?

목표를 스스로 정했을 때 목표를 달성하겠다는 동기 부여가 가장 강해요. 다른 누군가를 위해 목표를 달성하려 한다면, 앞의 경우만큼 열심히 노력하게 되지는 않을 거예요. 그러니 목표는 신중하게 깊이 생각해 보세요.

내 목표를 언제 이룰 수 있을까?

시간을 거꾸로 따져 보세요. 목표를 달성하고 싶은 시점을 현실적으로 생각해 보세요. 그때가 언제일지 적어 놓고 여러분의 달력에도 표시하세요.

시간을 거꾸로 짚어 봤을 때 목표를 달성하기 위해 어떤 단계를 거쳐야 할까?

일년 뒤 목표를 이루고 싶다면 육 개월 뒤에는 어느 정도까지 나아가 있어야 할까요? 두 달 뒤에는요? 다음 주에는요?

오늘은 뭘 해야 할까?

목표를 이루기 위해 아무리 작은 일이라도 매일 한 가지씩은 실천에 옮기도록 하세요. 그러다 보면 앞으로 나아가고 있다는 것을 알게 될 거예요.

**목표를 위한 콜라주**

목표를 달성하도록 동기 부여를 하려면, 내가 가진 자원을 모조리 동원해서 콜라주를 만들어 봅시다. 스스로 어떤 자원을 가졌는지 한눈에 살펴볼 수 있을 거예요.

준비물: 크고 두꺼운 종이, 잡지, 가위, 풀

잡지를 뒤적이며 자신의 목표가 표현된 것을 모조리 찾아서 오려요. 실제 사진, 각종 일러스트, 단어, 기호도 좋아요. 목표를 상징하는 가장 중요한 이미지를 종이 한가운데에 두고 나머지 이미지들을 빈 공간에 감각을 살려 붙여 보세요. 나중에 다른 사진이나 이미지, 글귀를 더 붙여도 좋아요. 69쪽에서 함께 만들어 본 '나만의 공간'에 놓아두세요.

제2장

# 서로를 도와요

지금까지 어떻게 해야 여유롭고, 스트레스를 덜 받고, 어떤 상황에서든 평정심을 유지할 수 있을지 살펴봤어요. 애초부터 마음이 평온했더라도, 앞으로도 그 평정심을 깨뜨리지 않을 비법을 새겨 두도록 해요.

　　언제나 평정심을 잃지 않는 사람은 없어요. 걱정거리와 스트레스에 대처하는 방법을 배우는 게 최선이지요. 이 책에서 다룬 '실행에 옮겨요'와 '꿀팁!'을 실천에 옮기면 도움이 될 거예요.

　　한 가지 덧붙이면, 잘 지내기 위해서는 서로 도와야 해요. 모든 일을 혼자 처리할 수 있는 사람은 드물어요. 그러니 가까운 친구가 스트레스와 걱정에 시달리고 있다면, 일단 친구의 말에 귀 기울여요. 그다음, 평정심을 잃지 않는 법을 아는 대로 가르쳐 주세요. 잘만 하면 평정심은 누구나 누릴 수 있거든요.

**160** 일단 앉아 봐

## 평정심을 유지하기 위한 점검 목록

- 신뢰하는 사람과 자신의 경험을 이야기로 나눠요.

- 일어난 일을 바꿀 수는 없지만 그 일을 어떻게 인식하고 받아들일지는 바꿀 수 있어요.

- 일기를 쓰면 내 생각과 감정을 돌이켜 보며 외재화하는 데에 도움이 돼요.

- 육체적 영역, 정신적 영역, 감정적 영역, 사회적 영역, 영적 영역과 같은 내 삶의 여러 측면에 골고루 주의를 기울여요.

- 자아상은 유리병에 금화를 넣으면 나아져요. 성취한 것을 스스로 인식하고 인정하면 돼요.

- 때로는 자신이 스스로를 비하시킨다는 점을 잊지 마세요. 부정적 혼잣말을 불어넣는 괴물을 어떻게 물리치는지 떠올려 보세요.

- 친구나 가족과 진솔하게 소통하는 데에 최선을 다해요.

- 생산적이고 자신에게 잘 맞는 방식으로 시간과 공간을 관리해요.

- 자신이 파국화하고 있는지 스스로 판단하고 어떻게 평정심을 되찾는지 떠올리도록 해요.

- 사람은 일을 망치거나 갈등을 겪기 마련이에요. 중요한 것은 그 상황에 어떻게 대처하느냐예요.

내 마음에 여유가 생겼으니, 이제 다른 사람들도 여유를 가질 수 있도록 도울 수 있겠죠?

# ☎ 여기로 전화해 보세요

## 학교 폭력에 시달릴 때

### 헬프콜 청소년 전화 1388

☎ 지역번호+1388

⌂ www.cyber1388.kr

청소년뿐 아니라 만9세 이상이라면 누구나 전화할 수 있어요. 365일 24시간 언제나 이용할 수 있지요. 가족 갈등, 교우 관계, 학업 중단, 가출, 인터넷 중독, 진로 및 학업 문제까지 폭넓게 상담해 준답니다. 홈페이지에서는 인터넷 상담 이외에도 다양한 무료 심리 검사를 제공해요. 약 칠천여 건의 청소년 고민 사례를 추린 고민 해결 백과에서는 가족, 학업, 성, 근로권, 자살, 음주, 흡연 등 다양한 고민과 해결 방법을 살펴볼 수 있어요.

### 안전 DREAM

☎ 지역번호+117

⌂ www.safe182.go.kr

경찰청 산하 긴급지원센터로 학교 폭력, 가정 폭력, 성폭력 및 성매매 피해자 신고를 24시간 접수해, 구조 활동 및 법률 상담과 쉼터 연계 활동을 하고 있어요. 국번 없이 117번으로 무료 전화 상담을, 홈페이지 내에서 24시간 1:1 채팅 상담을, #0182 또는 #0117으로 문자 신고도 할 수 있어요.

## 성에 대한 고민이 있을 때

### 아하! 서울시립청소년성문화센터

☎ 02-2676-1318

⌂ www.ahacenter.kr

상담 게시판 및 상담 전화를 통해 성에 대한 고민을 털어놓을 수 있어요. 월요일부터 금요일까지는 오전 10시부터 오후 5시까지, 토요일은 오전 10시부터 오후 2시까지 상담할 수 있지요. 소정의 비용을 내면 성격 유형 검사나 다면적 인성 검사 등 심리 검사를 받아 볼 수 있어요.

### 탁틴내일

☎ 02-3141-6191

⌂ www.tacteen.net/

청소년성문화센터와 청소년성폭력상담소 및 다양한 청소년 사업을 하는 단체예요. 전화 상담, 사이버 상담, 면접 상담 모두 가능해요. 성폭력 피해 지원 활동뿐 아니라 성폭행 가해자 교정 치료 프로그램도 진행하고 있어요.

## 여성긴급상담전화

☎ 지역번호+1366

🏠 womenhotline.or.kr

한국여성인권진흥원 산하 센터로 가정 폭력, 성폭력, 성매매 등으로 긴급한 구조나 보호 또는 상담을 받도록 도와줘요. 365일 24시간 무료 상담을 진행해요. 홈페이지 내 상담 게시판을 통해 온라인 상담도 가능하답니다.

# 성적 지향성으로 흔란스러울 때

## 띵동

☎ 02-924-1227

🏠 www.ddingdong.kr

청소년 성소수자 위기지원센터로, 위기 상담 및 개입뿐 아니라 샤워실과 주방을 제공하는 전문 쉼터예요. 화요일부터 토요일, 오전 11시부터 오후 9시까지 무료 전화 상담할 수 있고, 카카오톡 아이디 '띵동119'로 다양한 띵동 활동에 참여할 수 있어요.

## 친구사이

🏠 chingusai.net

한국 최초의 성소수자 인권운동단체예요. 성수자로서 겪을 만한 성 정체성, 커밍아웃, 아웃팅, 협박, 편견에 대한 고민 등에 대한 자료를 접할 수 있어요. 상담은 홈페이지 내 상담 게시판을 이용할 수도 있지요.

## 한국레즈비언상담소

☎ 02-718-3542

🏠 lsangdam.org

앞서 소개한 친구사이와 비슷한 활동을 하는 단체예요. 홈페이지에 글을 남기거나 전화로 상담할 수 있어요. 홈페이지를 방문하면 성 정체성, 가족과의 관계, 연애, 사회생활 등 다양한 고민을 Q & A 형식으로 접할 수 있어요.

청소년 지식수다 7

KEEP YOUR COOL

에런 밸릭 지음 | 김인 옮김

1판 1쇄 2016년 2월 17일 | 1판 2쇄 2018년 10월 18일
펴낸이 조기룡 | 펴낸곳 내인생의책 | 등록번호 제10-2315호
주소 서울시 서초구 나루터로 60 정원빌딩 A동 4층
전화 (02)335-0449, 335-0445(편집) | 팩스 (02)6499-1165
전자우편 bookinmylife@naver.com | 카페 http://cafe.naver.com/thebookinmylife
편집장 이은아 | 편집 1팀 신인수 이다겸 | 편집 2팀 조정우 김예지
디자인 안나영 김지혜 | 경영지원 조하늘 | 마케팅 강보람

이 책의 한국어판 저작권은 Imprima Korea Agency를 통해
The Watts Publishing Group Limited와의 독점 계약으로 (주) 내인생의책에 있습니다.
저작권법에 의해 한국 내에서 보호를 받는 저작물이므로 무단전재와 무단복제를 금합니다.

ISBN 979-11-5723-239-0 44300
ISBN 979-89-97980-93-2 44300 (세트)

이 도서의 국립중앙도서관 출판시도서목록(CIP)은 서지정보유통지원시스템 홈페이지(http://seoji.nl.go.kr)와
국가자료공동목록시스템(http://www.nl.go.kr/kolisnet)에서 이용하실 수 있습니다.
(CIP제어번호: CIP2015034410)
책값은 뒤표지에 있습니다. 잘못된 책은 구입처에서 바꾸어 드립니다.